Paris

http ://www.laboiteapandore.fr

La Boîte à Pandore est sur Facebook. Venez dialoguer avec nos auteurs, visionner leurs vidéos et partager vos impressions de lecture.

ISBN : 978-2-87557-142-7 – EAN : 9782875571427

Dépôt légal : D/2015/11906/30

MARC PASTEGER

LES + CROUSTILLANTES ANECDOTES À BOIRE ET À MANGER

INTRODUCTION

Ceci n'est pas un livre de cuisine. Pas plus qu'un recueil de notices concernant des mets ou des plats. Les aliments et les boissons constituent en réalité le point de départ d'histoires amusantes, mystérieuses, parfois dramatiques, et toujours vraies, dont les héros sont des anonymes et, plus rarement, des gens connus, d'hier et d'aujourd'hui. Je les ai saupoudrées de quelques anecdotes et informations insolites.

J'avoue que la nourriture et ce qui s'y rapporte ne servent parfois que de prétexte à construire des récits qui, pour certains, ont été romancés. Dans ces cas-là, tout en respectant les faits essentiels, j'ai changé les patronymes, les noms des lieux et les dates dans un souci de protection de la vie privée.

Il est temps, à présent, de passer à table et de vous souhaiter un bon appétit...

M.P.

A

ALCOOL

Une panne sèche pas pour tout le monde

Les valises sont bouclées et, dans quelques heures, l'appartement le sera également. Ce 7 juillet 1973, Ernest et Gerda Van Vlierd sont sur le point de s'éclipser. Ils vont se coucher tôt pour pouvoir partir en forme dès cinq heures. Car Ernest et Gerda ont beau être à la retraite depuis de longues années, ils n'aiment pas perdre une journée de vacances. Donc, ils sont prêts à l'aube et, frais et dispos, ils sautent dans leur voiture.

Ernest et Gerda Van Vlierd habitent à côté de Tirlemont, en Belgique, et, cette année, ils se rendent en Auvergne. La route est longue, mais ne fait pas peur à Ernest, soixante-quatorze ans, toujours bon pied, bon œil.

Il reste que, de temps à autre, le brave homme a la mémoire un peu défaillante. Jusqu'à présent, ce point faible ne lui a pas, à proprement parler, joué de tour. Mais voilà que ce 8 juillet, en tout début de matinée, Ernest tombe en panne. Tout simplement parce qu'il a oublié de faire le plein !

Et comme souvent dans ces cas-là, l'endroit est mal choisi. Ernest et Gerda sont immobilisés en pleine campagne (française). Pas la moindre maison à l'horizon. Et encore moins de station-service !

Gerda râle un peu, mais Ernest se montre optimiste.

— Je suis sûr qu'en marchant, je trouverai du secours. Je prends le bidon dans le coffre et je reviens !

Ernest ne se trompe pas. Après avoir erré pendant une quinzaine de minutes, il aperçoit l'entrée d'un village avec une boulangerie et un bistrot. Il entre dans ce dernier et tombe sur Paul, le patron, jovial et accueillant, qui se propose d'emblée de l'aider.

— J'ai de l'essence dans mon garage, je peux vous dépanner. En attendant que je revienne, qu'est-ce que je vous offre ?

Comme Ernest hésite, Paul lui suggère le petit alcool à la prune du coin. Le nez et les joues rouges du boss sont là pour témoigner qu'il en a déjà descendu quelques litres !

— Va pour votre spécialité ! répond Ernest.

Les deux hommes trinquent et, pendant que Paul s'absente pour remplir le jerrican d'essence, Ernest se laisse tenter par un deuxième verre.

— C'est sacrément bon ! s'exclame-t-il devant Paul, qui remet une tournée. Puis encore une autre.

— Je vous en achète une bouteille ! Cela me fera un souvenir !

Environ quatre-vingts minutes se sont écoulées depuis qu'Ernest a mis les pieds chez Paul. Lorsqu'il en sort, il ne marche plus tout à fait droit. Et, à la place de bifurquer directement vers la gauche et d'emprunter ainsi le chemin qui le ramènerait où il a laissé à la fois Gerda et son véhicule, Ernest continue tout droit.

Il avance comme il le peut puis, ayant très soif, il ouvre le flacon qu'il vient d'acquérir et, au goulot, avale quelques gorgées de la "potion" de Paul. Il ne faut pas bien longtemps pour que la tête d'Ernest se mette à tourner.

Le vieux bonhomme est perdu. Il s'est engagé sur un sentier au bord duquel il remarque un banc. Sans hésiter une seconde, il s'y couche et s'y endort...

Il est un peu plus de midi quand Gerda parvient à attirer l'attention d'un automobiliste et à lui exprimer son angoisse. Christophe Cournot habite à quelques kilomètres de là.

— Montez, je vous dépose au village !

Touché par la détresse de la dame, il l'accompagne chez le boulanger, puis au café. Où Paul fait immédiatement le lien entre le mari perdu et son sympathique client.

— D'ailleurs, précise-t-il, il a un accent belge, comme vous !

Pendant ce temps, Ernest se réveille et se remet à trottiner dans la mauvaise direction.

Christophe Cournot se veut rassurant :

— Votre époux ne peut pas être loin. Nous allons emprunter les deux ou trois routes des alentours...

Hélas ! Van Vlierd déambule dans les chemins menant aux prairies et aux sous-bois... et il s'y enfonce...

Quinze heures dix. Gerda Van Vlierd sanglote :

— Il est arrivé quelque chose à Ernest...

Paul, le roublard, lui a bien dit que son copain de beuverie avait découvert son alcool à la prune. Mais il s'est abstenu de préciser quelle quantité il en avait absorbée. Donc, Gerda est loin d'imaginer son rigolo de mari en pleine dérive...

Prévenus par Christophe Cournot, les gendarmes organisent une battue. Ils redoutent l'accident et sont plutôt à la recherche d'un corps.

— Le pauvre a peut-être fait une mauvaise chute...

C'est vers vingt et une heures qu'un habitant du coin a l'attention attirée par un type d'un certain âge assoupi devant une chapelle ! Il le secoue et s'entend dire :

— Ce matin, j'ai garé ma voiture avec ma femme à l'intérieur... Et j'ai paumé les deux !

Lorsqu'elle retrouva Ernest en très petite forme et qu'elle en comprit les raisons, Gerda n'eut pas l'idée de convoquer la fanfare et les majorettes du lieu pour fêter l'événement... Elle proposa de se rendre à l'auberge la plus proche et de se reposer, avant d'aller vers l'Auvergne ou bien de rentrer en Belgique.

Le lendemain, honteux comme un gamin que l'on aurait surpris la main dans le pot de confitures, Ernest fit amende honorable et jura que, désormais, lorsqu'il ferait le plein, ce serait exclusivement celui de la voiture...

Gerda pardonna et accepta de maintenir le cap sur l'Auvergne au côté de son intrépide époux...

Darras prend Noiret pour sa femme !

À l'époque où il se produit sur scène avec Philippe Noiret, Jean-Pierre Darras est amené un soir à partager le lit de son partenaire. Les raisons de cette décision sont purement économiques.

Dans le petit hôtel qui accueille les deux comédiens, il faut traverser le bar pour regagner les chambres. Avant d'aller se coucher, Darras et Noiret font honneur à de très nombreuses bouteilles. Puis ils montent, ivres.

Au milieu de la nuit et des vapeurs d'alcool, Jean-Pierre Darras ne se rend pas compte qu'il n'est pas au côté de la jeune femme qui, d'habitude, occupe l'oreiller voisin. Darras saute donc littéralement sur Noiret qui repousse brutalement ses assauts en le jetant à l'autre bout de la pièce. Une méthode radicale pour dessaouler...

AMARETTO

Erreur tragique

À quarante ans, Enrico Aldina estime que son bilan est très négatif. D'après lui, il a loupé sa vie. Cela faisait quelques mois déjà qu'il était obnubilé par ce nombre : quarante ! Lorsque la date anniversaire a surgi, il a été encore plus affligé. Enrico a effectué une sorte de bilan et n'a rien pu trouver de réconfortant.

Sur le plan sentimental comme sur le plan professionnel, il est vrai que c'est le grand désert. Après avoir collectionné les aventures sans lendemain, Aldina a été confronté à une solitude qu'il n'a jamais voulue.

Il ne parvient pas à dénicher l'âme sœur. Autrefois, il avait pensé qu'à quarante ans, il serait marié et père de famille. Résultat : il n'a jamais été capable de retenir une fille à ses côtés. Il y a bien eu Melina, une nana sympa avec qui il est resté près d'un an. Mais, un jour, elle a rencontré quelqu'un d'autre et a simplement dit à Enrico :

— T'es gentil, mais je ne t'aime pas suffisamment pour envisager construire ma vie avec toi !

Depuis, à tort ou à raison, le garçon se méfie des femmes et a perdu toute confiance en lui.

Côté boulot, ce n'est pas plus brillant. Ayant abandonné ses études très tôt, Aldina a additionné les petits jobs, en en changeant un peu trop souvent. Moyennant quoi, au fil des années, il a allongé un CV ne ressemblant pas à grand-chose. Et l'âge venant, il a éprouvé de plus en plus de difficultés à se faire embaucher.

Aujourd'hui, Enrico Aldina est au chômage. Il se lève tard, se traîne d'un fauteuil à l'autre, sort de chez lui pour aller au bistrot, s'attarde plus que de raison devant la télévision… et déprime !

Ses idées étant de plus en plus noires, il décide d'en finir. Pour lui, cette existence-là ne vaut plus la peine d'être poursuivie. Elle est décidément trop dure et trop injuste avec lui.

Le 24 juin 1994, il se réveille avec la ferme intention de se suicider. Dans l'après-midi, il a déjà bu un peu d'amaretto, son alcool préféré.

Vers 15h30, Ivan Mikal, l'un de ses bons copains, passe prendre de ses nouvelles.

Enrico habite au sixième étage d'un immeuble – sans ascenseur – de Naples. Lorsqu'Ivan sonne, il lui annonce :

— La concierge râle sur toi parce que tu n'es toujours pas allé chercher le courrier qui t'attend chez elle.

Afin de réaliser une ultime bonne action vis-à-vis d'une brave vieille, Enrico descend en quatrième vitesse. Pendant sa courte absence, Ivan découvre un verre d'amaretto rempli et ne résiste pas : il en avale plusieurs gorgées.

Lorsqu'il revient, Enrico découvre son ami étendu sur le tapis du living. Il comprend tout de suite ce qui s'est passé. Ivan Mikal a avalé l'amaretto dans lequel il avait mélangé un poison violent grâce auquel il voulait mourir !

Enrico aura beau appeler les secours, ceux-ci arriveront trop tard pour sauver Ivan.

Un peu plus tard, anéanti par cette erreur tragique, Enrico Aldina disparaîtra à son tour. En souvenir d'Ivan, il choisira de le rejoindre en absorbant le même fatal cocktail que, cette fois, il ne partagea pas.

APÉRITIF

Un délicieux alexandrin

Épinglé en 1983 dans un sondage "Infométrie – Le Point" à propos de la culture générale des Français. "Qu'est-ce qu'un alexandrin ?" Principales réponses. Un apéritif. Ou peut-être un digestif. Non ? Alors, le fils d'Alexandre...

APHRODISIAQUE (CUISINE)

Un bisou sur la joue

Depuis plus d'un quart de siècle, Valérie Duchaunoy a l'habitude de parler de tout avec Sandrine Schriveneer, sa meilleure amie. Elles se sont connues au lycée à Bruxelles, ville qu'elles ont toujours habitée, et ne se sont jamais perdues de vue. Lorsque

Valérie a épousé Gabriel, Sandrine fut son témoin. Et quand Sandrine se laissa passer la bague au doigt par Thomas, Valérie tint le même rôle. De plus, Valérie est la marraine du fils de Sandrine, et Sandrine celle de la fille de Valérie. Bref, ces deux-là sont inséparables.

Il est pourtant un domaine que le duo n'a jamais réellement abordé. Il a dû l'effleurer, mais sans plus ; il s'agit du sexe. En ce début d'année 1990, Valérie éprouve quelques soucis à ce sujet et a besoin de se confier.

— Cela fait un moment déjà que Gabriel ne me touche plus. Il n'a jamais été excessivement porté sur la chose, mais, autrefois, il me désirait. Aujourd'hui, il ne se passe plus rien... Peut-être est-ce à cause de l'âge... Il a quarante-cinq ans, moi, quarante...

Sandrine hausse les épaules.

— La belle affaire ! Moi aussi j'ai quarante ans et Thomas, quarante-trois ! Nous ne sommes pas des croulants. Et, sexuellement, pas des retraités ! Même pas des préretraités !

— Pour moi, j'ai l'impression que c'est pire ! Je vivrais avec un impuissant que le résultat serait le même !

— Gabriel doit être fatigué...

— De moi ?

— Mais non ! Fatigué par son boulot, par la vie stressante que nous menons tous. Et comme il n'a jamais eu un immense appétit sexuel, le voilà, de ce côté-là, réduit à l'inactivité...

Valérie soupire :

— Bien sûr, je ne suis plus aussi fraîche qu'à vingt-cinq ans quand il m'a rencontrée !

Sandrine la rabroue :

— Tais-toi ! Tu n'as jamais été aussi belle ! Tu as un charme fou et tu le sais bien !

— Si je l'ai su, je l'ai oublié !

En discutant, Sandrine se souvient de sa copine Juliette qui, s'inquiétant du même genre d'indifférence chez sa moitié, lui avait administré de fortes doses de produits aphrodisiaques. Rapidement, elle en avait été comblée...

La perspective plaît tout de suite à Valérie. Cordon bleu, elle adore tester des recettes et, à l'occasion, en inventer. Désormais, elle va prendre encore plus de plaisir à mitonner ses petits plats !

Nous sommes alors le 21 mars, jour de l'arrivée du printemps, saison où la nature renaît, et où, souvent, le moral des gens s'améliore parce que les jours sont plus longs et plus lumineux. Valérie trouve la date idéale pour se lancer dans ses nouvelles expériences culinaires ! Solidement documentée, elle ne lésine ni sur le céleri, ni sur l'ambre gris, les clous de girofle, le fenouil, le gingembre, la noix muscade ou les pois chiches ! Parallèlement, elle renouvelle son stock de nuisettes et de lingerie affriolante qu'elle arbore quotidiennement. De nature coquette et aimant s'habiller plutôt sexy, Valérie, jolie brune aux yeux verts, n'offre évidemment pas à la vision de son époux une transformation radicale. D'ailleurs, lorsqu'elle lui demande comment il trouve son nouveau soutien-gorge, il répond :

— Sympa, mais tu as déjà à peu près le même !

Valérie attend quelques jours sans se décourager. Il ne se passe strictement rien de plus qu'avant le 21 mars, mais elle se dit qu'il faut sans doute du temps pour que cette alimentation modifiée fasse de l'effet. Le problème, c'est que, quinze jours plus tard, Gabriel n'a toujours pas eu le moindre regard, le moindre geste, la moindre allusion, ne serait-ce qu'un peu égrillarde, à l'intention de la jolie personne de Valérie.

Dès que Gabriel se couche, il pose la tête sur l'oreiller et dort comme un bébé. Parfois, il pense à souhaiter une bonne nuit à sa femme. Et plus rarement encore à lui faire un bisou. Sur la joue.

Au bout d'un mois, Valérie Duchaunoy décrète qu'il lui faut désormais envisager le pire que, jusqu'ici, elle a toujours voulu écarter de son esprit : Gabriel la trompe !

Et, assez simplement, comme elle l'a vu faire des tas de fois dans les films, elle se met à suivre discrètement le coupable potentiel. Et ne tarde pas à découvrir le pot aux roses. Grégoire a bien une maîtresse, une grande blonde ressemblant de loin – car Valérie n'a pas eu l'occasion de la voir de près – à un mannequin de vingt-deux ans.

En réalité, Ingrid, la dame en question, est âgée de trente-deux ans. Et, depuis sept mois, elle reçoit fréquemment chez elle Gabriel Duchaunoy qui, au début de cette liaison, a juré à Valérie que les effectifs étant réduits et pas remplacés dans sa boîte, il devra, en tant que chef de service, donner l'exemple, et rester plus tard au bureau.

Le "bureau" a des allures d'appartement douillet situé dans un quartier résidentiel d'une commune bruxelloise. Et le "patron" si exigeant, voire tyrannique, a la minijupe et les talons aiguilles plutôt excentriques !

Le soir de cette découverte pour le moins désagréable, Valérie n'en souffle mot à Gabriel. Mais, le lendemain, voulant trancher dans le vif, elle choisit de débarquer chez sa rivale.

Pas prudent, Gabriel ouvre lui-même la porte et... de grands yeux ! Puis demande :

— Qu'est-ce que tu fais là ?

Valérie lui renvoie la balle :

— J'étais justement venue te demander la même chose...

L'explication fut orageuse. Profitant de l'effet de surprise créé chez le couple illégitime, Valérie en profita pour le mettre K.O. et obtint le principe d'un divorce comme elle l'avait préparé dans sa tête la nuit précédente.

Ingrid, qui ne brillait pas par son intelligence, n'avait pas l'air de mesurer toute la portée de ce qui venait de se produire. À diverses reprises, elle bâilla. Et, juste avant que Valérie ne prenne congé, elle lâcha bêtement :

— En tout cas, je ne sais pas ce que Gabriel bouffe depuis le début du printemps, mais, au lit, il m'épuise...

ARTICHAUT

Chouffa, la maman de Cloclo

Chassée d'Égypte au moment de la nationalisation du canal de Suez, la famille François se retrouve brusquement à Monte-Carlo. La mère, Lucia, le père, Aimé, Josette et Claude, éprouvent des difficultés de tous ordres à se faire à cette nouvelle vie, sensiblement moins dorée que la précédente. Ils fréquentent le marché et, un jour, ils découvrent de gros artichauts bretons qui n'étaient pas arrivés jusqu'en Égypte. Le futur Cloclo en attrape un et le met à côté du visage de sa maman en la taquinant :

— Regarde, archouffe, il te ressemble !

Le surnom de "Chouffa" (en arabe, archouffe signifie artichaut) était né ; M. François ne l'apprécia jamais et en voulut à son épouse de l'accepter. D'innombrables personnes, et bien au-delà du cercle de ses proches, appelleront ainsi Lucia jusqu'à la fin de sa vie.

ASPERGES

Interdites par les religieuses !

À l'époque de la Renaissance, on la surnomme "l'aristocrate des légumes". Louis XIV en est fou, au point de demander à son jardinier d'en cultiver toute l'année.

Mais, au XIXe siècle, la réputation de l'asperge se gâte. Jugée "légume phallique", elle est interdite dans les pensionnats de jeunes filles tenus par des religieuses ! Celles-ci pensent que l'asperge excite l'imagination et les sens de leurs élèves...

L'asperge a bien résisté. Et n'a finalement pas été excommuniée des potagers...

La naissance de "Derrick"

Mai 1973. Horst Tappert, comédien allemand, effectue quelques emplettes avec son épouse. Le couple achète notamment des asperges de Schrobenhausen (ville de Bavière) dont il raffole. Plus tard, Tappert s'en souviendra en ces termes :

“Nous voulions, selon notre formule, organiser une orgie d’asperges, avec du beurre chaud, du persil, des pommes de terre et du jambon.”

Les Tappert sont sur le point de passer à table quand le téléphone sonne. C’est Helmut Ringelmann, producteur de télévision, qui demande à Horst :

— Avez-vous mangé ?

L’autre répond non.

— J’ai à vous parler. Aimez-vous les asperges ?

Intrigué, Tappert abandonne son épouse qui, depuis longtemps, comprend les impératifs du métier.

Un peu plus tard, à table, Ringelmann propose à Horst Tappert d’être le principal interprète d’une série policière d’un genre nouveau. Ce sera “Derrick”.

Pour le reste, c’est-à-dire ce qui se trouve dans l’assiette, la future star notera :

“Les asperges n’étaient pas mauvaises, mais les nôtres auraient été meilleures.”

Vous m’arroserez, Seigneur !

Speaker des temps héroïques de la radio (il officie alors à Radio Toulouse), Jean Roy annonce un jour un chant en latin intitulé “Asperges me, Domine”, qu’il traduit audacieusement par “Les asperges me dominent”...

B

BIÈRE

Balade en motoculteur

Claus Dietberg est plutôt bon employé (dans l'administration publique), plutôt bon époux (d'Andrea), plutôt bon père (de Jason et Ryan, des jumeaux de cinq ans), plutôt un voisin sympa, bref, plutôt un homme bien.

Seule faille dans ce joli tableau: l'alcool! Depuis son adolescence, Claus Dietberg aime boire. Bon vivant, il s'est mis à sortir avec ses copains lorsqu'il avait seize ans. Et, depuis, il n'a jamais vraiment cessé de faire la fête. Il se souvient encore de sa première cuite. Il était parti avec ses deux meilleurs amis assister à une pièce de théâtre un dimanche après-midi. Durant le premier acte, le trio rit beaucoup. Le seul problème, c'est que l'œuvre présentée était un drame, et, qu'en dehors de jeunes hurluberlus ne comprenant rien au message transmis par l'auteur, personne n'avait envie de se taper sur les cuisses!

À l'entracte, les ados décidèrent de s'en aller. À quelques mètres de la salle de spectacle, ils entrèrent dans une taverne où ils avalèrent trois ou quatre bières fortes. Avant d'avoir pu quitter l'établissement, les deux copains de Claus furent très malades. Quant à Dietberg, il attendit d'être dehors pour s'écrouler de tout son long!

Le retour à la maison ne fut pas glorieux. Ramené chez ses parents par deux policiers, Claus tenait à peine debout et ne se rendait même pas compte de la gravité de la situation.

Le lendemain, à peine remis, il avait eu droit aux hurlements de son père qui avaient amplifié le mal de crâne tenace dont il était victime.

Pendant quinze jours, Claus fut surveillé de près par ses géniteurs. Mais, un soir, à la faveur de l'anniversaire d'une copine, il trempa à nouveau ses lèvres dans un verre de bière. Lorsqu'il se décida à regagner la demeure familiale, il était ivre. Heureusement, il se faufila discrètement dans sa chambre sans faire de mauvaise rencontre...

En 1990, Claus Dietberg a quarante ans et, malheureusement, les mêmes penchants que lorsqu'il était plus jeune. Avançant en âge, il a bien réalisé qu'il devrait rompre avec la dive bouteille. Par moments, il a fourni des efforts couronnés d'un certain succès, mais jamais sur une très longue période.

Andrea ne déteste pas s'amuser. Pourtant, contrairement à son mari, par rapport à l'alcool, elle peut s'arrêter à temps. Car le nœud du problème de Claus est bien là: dès qu'il consomme une bière (sa boisson préférée), il ne peut s'empêcher de la faire suivre de plusieurs autres.

Le sommet en la matière fut atteint le jour de la naissance des jumeaux. Il invita ses potes à célébrer l'événement. Le tout nouveau papa, euphorique, ingurgita dix-sept bières! C'est le barman qui le lui a assuré le lendemain, car, sur la fin du parcours, Claus était incapable de compter correctement jusqu'à dix-sept...

Avoir la responsabilité de deux bébés ne lui a visiblement pas apporté la maturité qui lui manque. Claus Dietberg n'est pourtant pas totalement inconscient, car il n'a jamais pris le volant en état d'ébriété. Jusqu'à ce 21 juillet 1990.

Ce jour-là, en vacances, Claus déjeune en famille dans le jardin de sa petite maison située à une quarantaine de kilomètres de Vienne. La chaleur aidant, il ne lésine pas sur la bière. L'après-midi, il a prévu de s'occuper de la pelouse dont la terre doit être retournée. Pour ce faire, il a emprunté un motoculteur à un copain. Visiblement, l'exercice plaît à Claus. Et, à un moment, sans que son épouse s'en rende compte, Dietberg sort de son terrain et s'aventure sur la chaussée !

Ayant, comme toujours, la boisson joyeuse, Claus chantonne et, tel un gamin sur un carrousel, s'en donne à cœur joie ! Malheureusement pour lui, Claus ne se contente pas d'aller jusqu'au bout de la rue puis de revenir à son domicile ! Il se risque sur une route nationale où il est bientôt remarqué par une voiture de police le prenant en chasse afin de l'immobiliser.

Le flic qui effectue le contrôle n'en revient pas :

— Excès de vitesse sur un motoculteur avec lequel on ne peut pas dépasser 6 km/heure, et état d'ébriété avancé, le cas doit être rarissime ! À ma connaissance, il s'agit du premier !

Un peu penaud, Claus Dietberg, partiellement dégrisé par sa mésaventure, n'eut pas la présence de répliquer :

— Une première ? Ça s'arrose !

Les gouttes du baptême

À ses débuts, Charles Aznavour se produit en duo avec Pierre Roche. Leur route croise celle d'Édith Piaf et des Compagnons de la Chanson, et toute la troupe se met à sillonner les routes de France et de Belgique. Dans cette bande, cohabitent deux façons de vivre. L'une, plutôt sage et même parfois austère, est incarnée par les Compagnons de la Chanson. L'autre, sensiblement plus débridée, convient à merveille à Charles Aznavour, Pierre Roche et Édith Piaf. Ces trois-là regardent les autres comme des bêtes un peu curieuses. Et c'est évidemment réciproque. En dehors des contacts professionnels, les Compagnons ne frayent guère avec Roche et Aznavour. Mais tous ces jeunes artistes ne roulant pas sur l'or, ils sont parfois réunis par les difficultés économiques.

Par exemple, il leur arrive de devoir partager des chambres. Ainsi, Roche et Aznavour se retrouvent-ils un jour avec Fred Mella qu'ils jugent sympathique et qui, d'ailleurs, plaît beaucoup aux dames. Mais, selon Aznavour et son complice, le jeune homme est timide et maladroit. Les deux garnements qui, eux, sont plutôt d'un genre entreprenant et habile, ont ainsi décrété que Fred Mella devait être puceau !

Alors, afin que leur camarade connaisse enfin les vrais plaisirs de la vie, Aznavour et Roche lui organisent à son insu une charmante nuit. Ils font venir une fille des plus séduisantes qu'ils introduisent dans le lit de Mella. Lorsque l'intéressé s'apprête à aller se coucher, il découvre évidemment la demoiselle. Généreux, les deux autres, qui devaient initialement dormir dans la même pièce, se contentent des fauteuils du hall de l'hôtel.

Le lendemain matin, au sourire qu'affiche le Compagnon de la Chanson, ils comprennent que leur idée a été appréciée à sa juste valeur...

Dans le même temps, ils ont imaginé une secte un peu bizarre dont Édith Piaf est la grande prêtresse. Chacun des adeptes doit être baptisé à la bière et laper les gouttes qui lui dégoulinent sur le visage ! En fait, il ne s'agit que d'un prétexte supplémentaire pour boire jusqu'à plus soif. Résultat : Aznavour, Riche et Piaf sont régulièrement saouls. Car même la grande prêtresse réclame régulièrement un nouveau baptême ! Un jour, de passage à Liège, ils consomment moult bières juste avant qu'Édith ne prenne un train pour la Suède. L'équipe est ravie de la voir s'éloigner de Roche, d'Aznavour et de leurs bouteilles. Et croit naïvement que le voyage en Suède sera pour Piaf l'occasion de se mettre à l'eau. Mais Aznavour et Roche ont pensé à tout et, afin que leur amie ne soit jamais en manque de munitions, ils ont bourré ses bagages de canettes ! Une autre façon de se faire mousser...

Sans chemise, sans pantalon, mais avec une bouteille !

Maria Borimont passe une grande partie de sa vie à la fenêtre de sa cuisine. Elle n'y est pas mal installée, mais, surtout, elle n'a pas grand-chose d'autre à faire. À cinquante-cinq ans, Maria Borimont n'attend plus rien, sinon le facteur tous les matins et le laitier trois fois par semaine.

Comme son existence n'offre pas grand intérêt, Maria Borimont regarde passer celle des autres. Et, de son poste d'observation, elle voit plutôt bien. Elle a notamment une vue imprenable sur les berges de la Semois, rivière coulant dans le sud de la Belgique.

Maria est à l'affût de tout : les faits et gestes des voisins, les promenades des uns, le va-et-vient des autres...

Elle habite une petite maison avec un bout de jardin la séparant d'un talus. Et un peu plus bas, un chemin de terre longe la Semois.

Ce 17 mai 1976, à la mi-journée, Maria Borimont vaque à ses maigres activités. Elle se prépare une salade à base de tomates, de poulet froid et de vinaigrette. Elle déjeune en regardant la télévision. Elle ne rate jamais ni *Midi Première*, l'émission animée sur TF1 par Danièle Gilbert, ni le journal de 13 heures qu'Yves Mourousi présente juste après.

Ce Mourousi, elle l'adore! Dès que le journaliste passe la tête dans le générique pour lancer son "Bonjour!", Maria est à la fête. Même si, dans la foulée, Mourousi annonce une catastrophe.

Elle a lu dans un magazine que son journaliste préféré dort quatre heures par nuit et que, le reste du temps, il écoute, téléphone, organise, rencontre, afin d'aller à la pêche de toutes les actualités.

Maria Borimont, c'est un peu la Mourousi de son quartier, car elle aussi est plutôt bien informée!

Ce jour-là, elle va même être à l'origine d'une affaire dont on va parler le lendemain dans la gazette locale.

Le journal s'achève rituellement à 13h35, après qu'Yves Mourousi eut donné la parole à François Donati, le chroniqueur basé à la Bourse de Paris. À ce moment-là, Maria se lève, débarrasse la table, fait la vaisselle. Puis retourne à la fenêtre où, autre rituel, elle boit son café.

À cette heure-là, en semaine, il n'y a pas grand monde dans les alentours. Mais, aujourd'hui, exceptionnellement, Maria laisse refroidir son breuvage car, brusquement, elle voit un homme sortir de l'eau. Banal. La Semois est à cet endroit large et paisible, et les baignades y sont agréables. Mais l'individu que Maria est en train de fixer ne ressemble pas aux autres, ou, plus exactement, à l'apparence des autres: il est nu!

Pendant que le type se sèche à l'air libre, Maria, elle, se rincerait bien l'œil. L'intrus a une trentaine d'années, taille moyenne, cheveux bruns mi-longs. Mais Maria n'est pas d'humeur badine. Elle est plutôt outrée ! Comment cet individu ose-t-il se montrer dans le plus simple appareil ? Il regarde autour de lui, se penche et attrape une bouteille.

Maria ne fait ni une, ni deux. Elle bondit sur le téléphone et appelle la gendarmerie :

— Venez vite, un exhibitionniste se balade devant chez moi !

Comme s'il était question d'un dangereux criminel, les représentants de l'ordre accourent, ayant auparavant laissé tomber veste et képi, car il fait beau et un peu chaud ce 17 mai 1976.

Ils se précipitent vers le bonhomme toujours nu, cachant ce qui peut l'être avec une bouteille d'un litre de bière...

— Habillez-vous immédiatement !

L'autre semble très gêné :

— Si vous saviez à quel point je le voudrais ! Mais on m'a volé mes vêtements ! J'ai nagé pendant environ dix minutes et je me suis rendu compte qu'ils avaient disparu. Enfin, je le crois... Peut-être pourriez-vous m'aider à les chercher...

— Et puis quoi encore ?

— Tout ce que j'ai retrouvé, c'est ma bouteille de bière...

Dont il avale quelques gorgées comme pour se donner du courage.

Maria, sans qu'on le lui demande, a exprimé – brièvement – son avis. Car, bien entendu, afin de ne rien manquer d'un événement aussi important, dès qu'elle a vu arriver les gendarmes, elle s'est précipitée vers eux et a claironné :

— C'est moi qui vous ai prévenus !

Le chef du trio est quelque peu embarrassé :

— Il va falloir nous suivre, monsieur !

— Vous n'êtes pas sympas ! Je suis sûr que mon pantalon et mon tee-shirt ne sont pas loin !

— Ça suffit !

Et faisant signe aux deux autres :

— Embarquez-moi ça !

Ses collègues sont plutôt embêtés. C'est la première fois qu'ils ont à empoigner un homme aussi peu vêtu, et ils ont l'air quelque peu empotés.

De l'autre côté de la Semois, sur la petite route, un automobiliste aperçoit ce spectacle pour le moins insolite. En une fraction de seconde, son opinion est faite : il assiste à un enlèvement ! Il accélère et roule jusqu'à la cabine téléphonique la plus proche. De là, il forme le numéro de la police :

— Trois mecs et une bonne femme ont kidnappé un pauvre gars qu'ils ont foutu à poil ! Il tient à la main une bouteille !

Les flics rejoignent les lieux du prétendu drame. Le témoin leur fournit une information essentielle : le numéro d'immatriculation du véhicule banalisé dans lequel la bande se déplace.

Un inspecteur chargé de la vérification s'étonne :

— Il s'agit d'une voiture appartenant à la gendarmerie ! Les malfrats ont dû la voler...

Il lance des hommes sur la piste des fuyards ! Et se rend compte, un peu plus tard, que ceux-ci sont de vrais gendarmes qui, sans la partie la plus identifiable de leur uniforme, ont été pris pour des ravisseurs !

Quant au nudiste, il le fut malgré lui. Un copain blagueur, avec qui il avait fait trempette, était parti avec ses effets. Mais, comme il faisait chaud, il lui avait laissé sa boisson afin qu'il puisse se rafraîchir !

Policiers et gendarmes, eux, ont bien ri de leurs "enquêtes parallèles" et, dans la bonne humeur, ont laissé filer à la fois le farceur et sa victime.

Maria Borimont, elle, a déclaré au journaliste venu l'interviewer :

— Imaginez-vous que personne ne soit intervenu ! Le zigoto aurait erré jusqu'à ce qu'il puisse s'habiller ! Grâce à moi, la population a échappé à ce qui aurait pu être un vrai traumatisme...

Une héroïne, cette Maria ! Dommage que la presse de la province belge de Luxembourg ne soit pas parvenue à Yves Mourousi, sinon Mme Borimont aurait sans doute eu les honneurs du journal de 13 heures...

BIFTECK

“Tu dois en avoir marre...”

À ses débuts au théâtre, Sophie Desmarets joue *Au petit bonheur* de Marc-Gilbert Sauvajon. Elle y donne la réplique à Gérard Philipe avec qui, dès la troisième représentation, elle partage des crises de fou rire. Leur origine : une réplique que l’espiègle Sophie a enrichie. En lisant un menu à Odette Joyeux et à Gérard Philipe, elle dit tout bas à ce dernier :

— Ça fait trois fois que je te propose du bifteck... Tu dois en avoir marre !

C’est tout bête, mais il suffit de ces mots-là pour que, chaque soir, les jeunes gens ne se contrôlent plus. Ce qui n’est pas du goût de tout le monde. L’auteur, le metteur en scène, les ouvreuses, les spectateurs se plaignent ! Un journaliste se fait le porte-parole des protestataires : “Ce que je reprocherais à Gérard Philipe, Odette Joyeux et Sophie Desmarets, ce sont des fous rires qui, sans raison perceptible, les secouent périodiquement. Entendons-nous bien : c’est nous qui sommes venus pour rire, pas eux. Un peu de conscience professionnelle, s’il vous plaît !”

BONBONS

Une voix rauque qui doit le rester

Un jour, un petit garçon s’avance vers la chanteuse Bonnie Tyler, lui tend un sachet de bonbons au miel, bons pour la gorge, et lui dit :

— Tiens, prends-le, ça va te faire du bien !

La jeune femme a beaucoup ri. Ce timbre de voix rauque auquel elle est reconnaissable, Bonnie l'a surtout depuis qu'elle a subi une opération à la gorge. Elle le soigne avec un soin tout particulier et ne songe nullement à le modifier...

C

CACAHUÈTES

Onze kilomètres avec le nez !

En septembre 2003, lorsque Mark McGowan, trente-sept ans, attire sur lui l'attention de la presse britannique, il n'est déjà plus un inconnu pour les médias. Un peu plus tôt, il avait entrepris de marcher dans les rues de Londres avec une dinde attachée sur le crâne ! But du périple, long de près de dix-huit kilomètres : sensibiliser les personnes obèses !

— Si elles continuent à manger trop, avait indiqué McGowan, elles ressembleront à la bête que je trimbale...

On avait alors compris que le gaillard était un original. Et on allait en avoir la confirmation.

À la fin de l'été 2003, Mark McGowan se met en tête de sensibiliser l'opinion sur le problème de l'endettement des étudiants. Et, sans que l'on comprenne le rapport entre le sujet choisi et la forme de la manifestation, il décide de faire avancer une cacahuète en la poussant avec son seul nez !

Chaque jour, le farceur parcourt ainsi un kilomètre dans Londres. La promenade, qui dure onze jours, s'achève devant le 10 Downing Street, où il est reçu, non par Tony Blair, alors chef du gouvernement, mais par l'un de ses collaborateurs qui lui offre le thé !

À sa sortie, Mark McGowan déclare :

— J'ai voulu montrer au Premier ministre qu'il est urgent d'attribuer des bourses aux gens qui le méritent ! Moi-même, j'ai des dettes pour un montant de 15.000 livres !

Il ajoute avoir utilisé treize cacahuètes au long de sa balade sur les trottoirs.

Et, arborant un pansement sale au milieu de la figure, il avoue :

— Maintenant, j'ai le nez un peu abîmé...

Rien que le nez ?...

CAFÉ (SAVON AU)

Deux tasses par la peau !

Au début de 2007, des inventeurs britanniques ont fait savoir qu'ils venaient de mettre au point un savon particulièrement tonique pour les réveils difficiles. Baptisé "Shower Shock", il contient en effet de la caféine. Par douche, le consommateur peut absorber, via la peau, l'équivalent de deux tasses de café ! Il paraît que le coup de fouet se ressent cinq minutes à peine après l'utilisation. Des créateurs qui ont peut-être un grain...

CAMEMBERT

Potion magique

Au début du siècle, aux États-Unis, Joseph Knirim découvre le camembert et est séduit. Mais pas en tant que gastronome ! Le bonhomme était médecin et, à ses patients souffrant de maux d'estomac, il prescrit le camembert ! Avec un tel succès qu'il en tire de gros revenus financiers.

En 1926, reconnaissant, Knirim effectue le voyage en Normandie et vient se recueillir sur la tombe de Marie Harel, la créatrice du célèbre fromage à la mémoire de qui il fait même ériger une statue !

La théorie de Simenon

À ses débuts parisiens, Georges Simenon vend des textes à des journaux qui le payent mal. Pour se nourrir, il choisit souvent le camembert, fromage certes nourrissant et, selon le futur créateur de Maigret, plutôt économique, comme l'a rapporté Raymond Castans dans *Parlez-moi du Fouquet's* :

"Il s'agit d'acheter, expliquait Georges Simenon, un camembert de mauvaise qualité un peu avancé. On en mange la moitié. On laisse l'autre moitié dans la boîte. Le lendemain, le camembert ayant coulé, l'espace resté libre est de nouveau occupé. On en remange la moitié. Avec une seule boîte, on arrive à manger le volume de quatre..."

CANARD (À L'ORANGE)

Pris par l'action

Dans la célèbre pièce, *Le canard à l'orange*, Michel Roux se trouve, à un moment, les bras chargés de paquets et ne parvient pas à ouvrir une porte. Une situation qui provoque l'hilarité du public. Un soir, un machiniste, qui vient de rejoindre la troupe et qui découvre la comédie, suit l'action des coulisses et, voyant Michel Roux en difficulté, il se précipite et ouvre la porte...

CAROTTES

Elle a trouvé sa couleur sur le tard

La carotte ne possède sa couleur orange que depuis le XIXe siècle. Dans l'Antiquité, par exemple, les Romains la connaissaient blanche avec une peau assez dure ! Sous cette forme-là, même les ânes auraient refusé d'avancer pour elle...

CHAMPAGNE

La morue au dentier

Gary Wilcox sait qu'il ne doit pas abuser du champagne. D'abord parce que, de manière générale, ce n'est pas bon pour la santé ; ensuite, dans son cas, parce qu'après deux coupes, il a tendance à dire n'importe quoi.

Le samedi 27 janvier 1979, il est bien décidé à ne pas l'oublier. Mais voilà : ce soir-là, Gary Wilcox fête ses trente ans de mariage et, assez rapidement, il fait une croix sur ses bonnes résolutions. Il commence bien par demander un verre d'eau, mais il se trouve évidemment quelques copains pour se moquer de lui.

— Alors, Gary, tu regrettes à ce point d'avoir épousé Mary que tu es à la flotte pour montrer ta tristesse ?...

Wilcox hausse les épaules et se met à imiter à peu près tout le monde : il boit du champagne !

Dans la salle qu'ils ont louée pour l'occasion à Dublin, ville où ils habitent depuis toujours, Gary et Mary Wilcox ont invité une cinquantaine de personnes issues autant de leur famille que de leur cercle amical.

Le repas se déroule on ne peut mieux. La nourriture est excellente et le champagne continue à couler à flots. À soixante-quatre ans, Gary n'est plus un gamin et est parfaitement au courant de ce qu'il risque s'il se noie dans l'incomparable boisson made in France.

Entre la poire et le fromage, un cousin de Gary lui demande :

— Et on peut savoir ce que tu offres à Mary pour l'occasion ?

Gary bredouille. Il ne sait pas encore très bien. Un bijou, sans doute...

Les convives, auprès de qui on n'a pourtant sollicité aucun avis, ne sont pas emballés. L'un d'eux, déjà très guilleret, lance :

— Tu ne trouverais pas autre chose ?

Mary, qui, jusqu'alors, a gardé le silence, le rompt.

— Moi, ce qui me ferait plaisir, c'est une croisière !

Gary ne semble nullement contrarié par cette proposition.

— Mais pourquoi pas ?

Les autres en remettent et scandent en chœur :

— Une croisière ! Une croisière ! Une croisière !

Wilcox se lève, avale une gorgée de champagne et clame :

— C'est d'accord !

Et, sous les acclamations de l'assemblée, il fait signe au disc-jockey de lancer le slow qu'il a choisi pour ouvrir le bal dans les bras de Mary. Les applaudissements redoublent d'intensité. L'épouse est émue aux larmes et murmure à l'oreille de son mari :

— Merci. J'en rêvais depuis si longtemps...

Le problème avec les promesses faites sous l'effet de l'alcool, c'est qu'une fois dégrisé, elles paraissent totalement saugrenues. Le lendemain, au milieu de la matinée, Gary Wilcox se réveille avec une gueule de bois comme il ne se souvient pas en avoir connu. Il maudit le champagne. D'autant que Mary qui, elle, s'est contentée d'une coupe, précise :

— Tu as dû avaler l'équivalent d'une bouteille trois quarts...

En cherchant, de très mauvaise humeur, des médicaments pour calmer douleurs d'estomac et maux de tête, Gary Wilcox peste contre les gens qui, selon lui, l'ont forcé à se saouler. Il est vrai qu'il a entamé le premier verre avec une certaine réticence. Mais celui-ci vide, il s'est senti complètement détendu et a enfilé les suivants avec allégresse.

Ce 28 janvier 1979, sur le coup de midi trente, lorsque Mary propose à Gary de manger une salade, c'est tout juste s'il n'a pas envie de vomir !

Mary sourit.

— J'espère que ça se passera mieux sur le bateau !

Gary, dont l'estomac fait des vagues, s'étrangle.

— Quel bateau ?

Et juste au moment où sa femme ouvre la bouche pour lui répondre, il se souvient de l'incroyable faiblesse dont, dans un état second, il avait fait preuve la veille. Incroyable, parce que Gary Wilcox a une sainte horreur des voyages !

Depuis qu'il est à la préretraite, il dépasse rarement les limites de son quartier, et d'ailleurs, durant toute son existence, il a quitté à deux reprises seulement son pays natal !

Qui plus est, la dernière fois qu'il a mis les pieds sur un bateau (c'était en réalité une barque), il avait sept ans et il a réussi à tomber à l'eau sous les cris horrifiés de sa mère. Il avait été immédiatement repêché par son père, mais il en avait gardé une appréhension de l'eau dont Mary, qui nageait avec élégance, se moquait beaucoup.

Ce dimanche-là, donc, Gary se sent mal... et coincé ! Comment renoncer à cette maudite croisière sans passer pour un lâche, un type sans parole, bref un saligaud ? Impossible ! Vis-à-vis de Mary, Gary ne peut agir de la sorte. Et comme il s'est fait piéger dans cette aventure-là devant cinquante témoins, le voilà réellement obligé de partir ! Tout ça à cause du champagne !

— Jamais ! Plus jamais ! peste Wilcox dans le lit où il est retourné cuver sa cuite...

Deux mois plus tard, les Wilcox embarquent. Depuis trois jours, Gary ne se nourrit quasiment plus. Ouvertement, il râle. Secrètement, il prie. Clairement, il a la trouille.

— Tu verras, tout se déroulera bien, assure Mary. Une fois que nous serons à bord, tu vas te détendre.

Malheureusement pour elle, Mary se trompe. Sur le paquebot, Gary ne se décrispe pas. Méfiant, il inspecte la cabine attribuée aux époux Wilcox.

— Dormir en sachant que l’on est sur l’eau, c’est impossible !

Puis vient le premier dîner. Croyant se montrer agréable, le maître d’hôtel propose du champagne. Mary accepte d’emblée. Mais Gary, lui, ricane à son endroit.

— Pour que, cette fois, tu m’arraches un séjour sur la Lune ? Non, merci !

Mary, qui a appris à demeurer optimiste et sereine face au caractère parfois difficile de Gary, le taquine.

— Un âne ne bute jamais deux fois sur la même pierre !

Après le repas, durant lequel Wilcox a tout de même consenti à manger du poisson, quelques légumes et une mousse au chocolat, le couple se balade. Gary n’est pas au mieux de sa forme et se rend compte que la digestion se passe mal. Convaincu qu’il ne va pas tarder à vomir, il se penche vers la mer et d’une façon qu’il aura toujours du mal à expliquer, son dentier tombe à l›eau !

Il faut dire que cela fait un petit temps que la prothèse en question n’est plus solidement fixée. Mais pas au point de menacer de se faire la malle !

Dans l’obscurité, Wilcox n’a pas vu le dentier disparaître dans l’océan, mais il constate qu’il ne l’a plus ! Il regarde sur le sol, au cas où il aurait eu un peu de chance. Mais non ! Plus de dentier à bord !

Handicapé dans sa façon de parler, Wilcox se met pourtant à éructer :

— Ve l'avais bien dit que fe rafiot nous porterait malheur ! Ve veux défendre ! Et tout de fuite !

Ses cris ameutent évidemment un peu de monde. Devant les vociférations du client, le commandant accourt et ne peut que constater les dégâts. Rapidement, un accord est conclu : dès le lendemain, Mary et Gary Wilcox rejoindront la terre ferme et pourront ainsi rentrer chez eux.

Pauvre Mary ! Il n'est pas terrible, son cadeau d'anniversaire de mariage ! Et son joli rêve s'est transformé en cauchemar ! Lorsqu'il est calmé, Gary s'en rend compte et lui présente des excuses :

— Ve te dois quelque fove ! articule-t-il comme il le peut...

Quelques semaines plus tard, Gary Wilcox écoute les informations à la radio. Et, en fin de bulletin, il entend cette petite information insolite : dans un port irlandais, un pêcheur a fait une découverte inattendue. En ouvrant une morue, il a trouvé dans son estomac un dentier !

Gary sursaute. Et si c'était le sien ? Il a un pressentiment ! Alors, il saute dans sa voiture, se rend sur place et, après une enquête minutieuse, obtient la preuve qu'il s'agit de son bien qu'il peut ainsi récupérer !

Quant à Mary, elle ne garda pas une dent contre son mari. À la place de sa croisière ratée, elle reçut une montre en or. Moins original, mais moins susceptible de précipiter sa moitié au bord de l'infarctus...

Jour de l'An et Fête des Morts

31 décembre 1976. Par hasard, Denise Fabre se retrouve à Tokyo. À l'époque, tout en poursuivant sa carrière à la télévision, sur TF1, elle est devenue l'une des vedettes de l'antenne d'Europe 1. Pour le réveillon de la Saint-Sylvestre, la station veut montrer à son public comment, aux quatre coins du monde, on passe d'une année à l'autre. Dans ce but, elle dépêche sur tous les continents ses animateurs et journalistes les plus connus. Sans l'avoir demandé, Denise Fabre hérite du Japon...

Voilà donc la jeune femme en plein Tokyo dans une ambiance on ne peut plus particulière. C'est que, là-bas, le 31 décembre coïncide avec la fête des Morts ! Denise Fabre apprend donc que plus d'un million de personnes vont se réunir au sanctuaire shintoïste Meji ou au temple bouddhiste Kwannon, dans le quartier d'Asakusa. À partir du 31 décembre, les boutiques et les restaurants sont fermés jusqu'au 3 janvier. Il est peu probable de croiser de joyeux fêtards se rendant les uns chez les autres. La tradition veut en effet que les Japonais évitent de franchir le seuil des habitations privées durant la nuit du Nouvel An, car cela porte malheur ! Du coup, le 31 décembre, beaucoup de Japonais se réfugient dans les hôtels.

Bref, ce soir-là, à Tokyo, on ne rigole pas ; on se recueille ! Ce n'est pas exactement ce que Denise Fabre attendait, mais comme elle est là pour raconter ce qu'elle voit, elle se rend au sanctuaire Yasukumi, où l'on prie pour ceux ayant combattu et péri au service de la patrie. Denise imite les gens qui l'entourent : elle se purifie les lèvres dans un petit bassin d'eau fraîche. Puis fait un vœu... qui concerne l'émission qu'elle doit réaliser en direct à la radio et pour laquelle la matière est plutôt maigre.

Si elle avait eu droit à un deuxième vœu, il aurait été pour les photos qu'elle a promises à un hebdo de télé qui voudrait la montrer à ses lecteurs déguisée en Japonaise ! Il lui faut donc dénicher un kimono. Mais les magasins destinés aux touristes sont peu nombreux à avoir gardé leurs portes ouvertes ce 31 décembre. Denise Fabre et le photographe marchent beaucoup dans la ville, mais rentrent bredouilles. Alors, en désespoir de cause, le reporter fixe Denise sur la pellicule devant des tonneaux de saké !

Il est 4 heures de l'après-midi, heure de Paris, lorsque Denise Fabre intervient sur l'antenne d'Europe 1. Elle en rajoute beaucoup :

— Bonjour, ici le champagne coule à flots !

En réalité, elle a réussi à trouver une seule bouteille dans un hôtel où, en ce jour de deuil, on la regarde très bizarrement...

Dom Pérignon et marijuana pour Jane Fonda

31 décembre 1969. Dans la journée, Jane Fonda atterrit à New York. Elle a à peine posé le pied à Kennedy Airport qu'elle apprend une bonne nouvelle. Les critiques de cinéma new-yorkais viennent de lui attribuer l'Oscar de la meilleure actrice de l'année. Très heureuse de cette énième récompense, Jane Fonda prend la direction de la maison de son père, Henry, sur la 74ᵉ rue.

Dix jours plus tôt, le 21 décembre, Jane Fonda a fêté ses 32 ans. Depuis 1960, elle est actrice. En une décennie, elle a prêté son nom à quelques gros succès comme *La poursuite impitoyable* d'Arthur Penn, ou *Pieds nus dans le parc* de Gene Saks. Elle vient de tourner *On achève bien les chevaux* de Sidney Pollack. Et puis, elle a travaillé plusieurs fois avec Roger Vadim, qu'elle a épousé et dont elle a une fille, Vanessa. Depuis, le couple a explosé.

Jane Fonda n'incarne pas qu'une star de cinéma. Elle est aussi une militante politique de gauche et une femme très libérée. Ce 31 décembre, à 22 heures, elle a donné rendez-vous chez son père à Rex Reed, un journaliste du *New York Times*. Elle porte une mini-jupe de cuir et un chandail violet. Assise dans le canapé, elle est visiblement en veine de confidences. Et n'a pas grand-chose à cacher. D'une tabatière, elle sort de la marijuana. Et demande le plus tranquillement du monde à son interlocuteur :

— Cela ne vous dérange pas si je plane un peu ?

L'autre répond par la négative et l'entretien commence. Jane Fonda évoque le temps qui passe.

— Je ne sais pas si les années soixante-dix vont apporter autant de changements que les années soixante. Les jeunes d'aujourd'hui sont actifs. Prenez simplement la défonce ! Médecins, avocats, hommes politiques, tout le monde fume ! Sauf dans le Sud, peut-être. Mais, là-bas, ils ont cinquante ans de retard !

Puis elle enchaîne avec l'hypnose qu'elle pratique dans le but d'être moins esclave des trois paquets de cigarettes qu'elle consomme quotidiennement. Elle évoque sa fille aussi, avec qui elle pose dans les magazines, mais qu'elle ne voit pas suffisamment.

Jane Fonda parle encore quand le feu d'artifice éclate au-dessus de Central Park, juste à côté d'où elle se trouve. Il est minuit. Henry et Shirlee Fonda reviennent d'une réception et se joignent à Jane. Ils se souhaitent mutuellement "une bonne décennie". Les années soixante-dix commencent. Pour fêter cette naissance, Jane Fonda débouche une bouteille de Dom Pérignon. Elle fait sauter un bouchon que, dans une interview qui allait faire du bruit, elle avait sans doute poussé un peu loin...

CHOCOLAT

La mort du pape...

Giovanni Vincenzo Antonio Ganganelli, né en 1705, décédé en 1774, et plus connu sous son nom de pape, Clément XIV (il fut élu en 1769), était un grand amateur de chocolat. Il se dit qu'il aurait pu être empoisonné via son péché mignon. Son assassin aurait introduit le poison dans son aliment préféré. Qui ? Mystère. Le souverain pontife n'avait pas que des amis, tant s'en faut.

L'année précédant son décès, Clément XIV avait dissous la Compagnie de Jésus, l'ordre des très puissants Jésuites (chez qui, d'ailleurs, autrefois, ce fils d'un modeste chirurgien avait effectué ses études). Est-ce de ce côté-là qu'il aurait fallu chercher le coupable ? Possible. En tout cas, le meurtre ne fait aucun doute si l'on en croit Sir Horace Mann, dont Katherine Khodorowsky et Hervé Robert citent un extrait de la correspondance dans leur ouvrage *100 % chocolat.*

“Il est clair que le pape a été assassiné. Au Vatican, où il assistait aux cérémonies du jeudi saint, son propre serviteur lui a administré, sans le savoir, un poison lent dissimulé dans son chocolat. Je suis surpris que cet homme qui, dès le début de son pontificat, avait pris toutes les précautions pour éviter ce qu'il avait toujours redouté, ait continué à boire son chocolat alors que, dès les premières gorgées, il en avait signalé le mauvais goût à son serviteur.”

... Et de l'évêque !

Au XVIIe siècle, au Mexique, les nobles espagnols aimaient tellement boire du chocolat qu'ils s'en faisaient servir sans cesse par leurs domestiques, y compris durant les offices religieux ! Dom Bernard de Salazar, évêque de Chiappa, s'en offusqua et, comme les habitudes ne variaient pas, il brandit la menace de l'excommunication !

Les drôles de fidèles réglèrent le problème rapidement. Ils versèrent du poison dans le cacao de l'ecclésiastique (qui l'appréciait également, mais en dehors de l'église). Dom Bernard de Salazar en mourut et rejoignit prématurément ce monde meilleur (avec ou sans chocolat ?...) dont il avait parlé durant toute sa carrière...

Correction

Dans son premier roman, Agatha Christie parlait à diverses reprises d'une "tasse de cacao". Une correctrice butée changea le "cacao" en "coco". Intimidée et ne voulant pas contredire la dame, Agatha Christie laissa faire...

Un bain adoucissant

L'Américain Milton Hershey, né le vendredi 13 septembre 1857 dans une famille pauvre, démarra comme employé dans une manufacture de bonbons et de crème glacée. En 1893, à l'Exposition internationale de Chicago, il fut fasciné par une machine allemande à fabriquer le chocolat. Il rassembla ses économies et l'acheta. Ce fut le début de sa fortune. Plus tard, une ville porta son nom.

Elle existe toujours et on y a ouvert il y a quelques années un spa où les soins sont à base de chocolat : le bain au lait mousseux pour adoucir la peau, ou l'enveloppement à la fondue pour la revitaliser et la nourrir...

Un professeur spécialisé

Roald Dahl, né au pays de Galles en 1916 de parents norvégiens, a écrit beaucoup de livres pour enfants, dont *Charlie et la chocolaterie* qui a été adapté au cinéma. Dahl a conçu cette histoire parce qu'il était amateur de cet aliment particulier et parce que, toute sa vie, il a gardé des souvenirs précis des confiseries d'autrefois qui le fascinaient. C'est lui qui disait :

– Si j'étais directeur d'école, je me débarrasserais du professeur d'histoire et je le remplacerais par un professeur de chocolat ; mes élèves étudieraient au moins un sujet qui les concerne tous !

Montagnes, girls ou franc-maçonnerie ?

Énigme. Pourquoi, en 1908, le Suisse Théodore Tobler a-t-il donné la forme triangulaire à ses chocolats ? Pour rappeler les montagnes de son pays ? Ou bien les pyramides formées dans le final de leurs spectacles par les girls des Folies-Bergères, où il aimait s'encanailler ? Ou bien encore pour remercier la franc-maçonnerie à laquelle il appartenait ?

Bon pour la toux !

Le chocolat bon pour la toux ! Il s'agit d'une découverte scientifique datant de janvier 2005. On la doit à un médecin britannique, le Dr Barnes, affirmant qu'une substance dérivée du chocolat, la théobromine, est plus efficace et moins dangereuse que la codéine contenue dans la plupart des sirops.

Huit mois

Dans son *Traité des excitants modernes* (1838), Balzac raconte une histoire hallucinante qu'il jure être vraie.

"Le gouvernement anglais a permis de disposer de la vie de trois condamnés à mort, auxquels on a donné l'option d'être pendus suivant la formule usitée dans ce pays, ou de vivre exclusivement, l'un de thé, l'autre de café, l'autre de chocolat, sans y joindre aucun autre aliment de quelque nature que ce fût, ni boire d'autres liquides. Les drôles ont accepté. Peut-être tout condamné en eût-il fait autant. Comme chaque aliment offrait plus ou moins de chances, ils ont tiré le choix au sort. L'homme qui a vécu de chocolat est mort après huit mois. L'homme qui a vécu de café a duré deux ans. L'homme qui a vécu de thé n'a succombé qu'après trois ans."

Programme

En 1994, un Danois farceur s'est présenté aux élections législatives en assurant dans son programme : "Il y aura du chocolat pour tout le monde !" Il s'est également engagé à "obtenir un vent toujours favorable pour les cyclistes" et a promis "le droit à l'impuissance pour les types épuisés par les mangeuses d'hommes" !

La campagne était terne ; l'original a plu et a été élu !

Apparition

L'image de la Vierge Marie tenant l'Enfant Jésus dans les bras serait mystérieusement apparue dans une colonne de chocolat fondu ! C'est ce que jure Cruz Jacinto, employée aux cuisines, par ailleurs mère célibataire malheureuse et sur le point de perdre la foi, mais qui, du coup, l'a retrouvée. L'histoire s'est passée en août 2006 dans une chocolaterie de Fountain Valley, en Californie. Depuis, l'endroit est très visité par les pèlerins...

CHOU-FLEUR

Débuts et adieux au théâtre

16 décembre 1977. Le Tout-Paris se presse au Théâtre La Bruyère pour une triple première. La première de la première pièce écrite et mise en scène par Jacques Pierre, et la première jouée par Danièle Gilbert.

Danièle Gilbert et Jacques Pierre se connaissent très bien. Chaque jour, à midi trente sur TF1, ils proposent *Midi Première*, une émission où l'animatrice reçoit en direct des chanteurs, des comédiens et des écrivains. Danièle Gilbert est, en France et en Belgique, une institution. Elle bénéficie d'un quasi-monopole. À cette heure-là de la journée, aucune autre chaîne métropolitaine ne propose le moindre programme.

Depuis que Jacques Martin l'a engagée dans feu *Midi magazine* et l'a surnommée un jour "la Grande Duduche", Danièle Gilbert, jeune Auvergnate montée à Paris, est devenue une vedette.

Au milieu des années soixante-dix, après avoir travaillé à Europe 1, la dame veut diversifier ses activités. D'où le théâtre.

La comédie s'intitule *La rose et le chou-fleur*, surnoms donnés aux jumeaux que Danièle Gilbert a sur scène. Elle y incarne une femme mariée prenant un amant. Et, du coup, se permet d'apparaître en nuisette face au public !

Ce 16 décembre 1977, il y a du beau monde au Théâtre La Bruyère. Michel d'Ornano, le ministre de la Culture, s'est déplacé. On remarque Carlos, Rika Zaraï, des vedettes de la télé, mais aussi Thierry Le Luron qui, avec quelques copains, chahute joyeusement. Car, d'entrée de jeu, ils sont consternés par la mauvaise farce à laquelle Danièle Gilbert se prête. Le Luron ironise : "Le chou-fleur ? Si le gratin est dans la salle, le four est sur la scène !"

Dans *France-Soir*, François Chalais dénonce la pauvreté du texte qui, selon lui, "n'évite pas la plus détestable vulgarité". Et explique : "Danièle Gilbert a beau se propulser dans la fosse aux lions, les bras en moulin à vent pour écarter les ennemis, et les yeux au ciel comme pour conjurer le mauvais sort, son tempérament et sa bonne volonté ne suffisent pas. Être acteur, c'est un métier."

L'expérience tourne au désastre et, au début du mois de janvier, la pièce est retirée de l'affiche. Elle a été captée par TF1... qui ne la diffusera jamais.

Jacques Pierre et Danièle Gilbert manquaient en fait d'expérience, certes au théâtre, mais aussi en matière maraîchère. Car ce qu'ils tentèrent de faire passer pour un chou-fleur était en réalité un navet.

Du neuf avec du vieux

Dans l'Antiquité, les Grecs et les Romains mangeaient déjà du chou-fleur. Mais, au fil du temps, au moins dans nos pays, il a été expédié dans une sorte de purgatoire des légumes au point que des générations entières ignorèrent jusqu'à son existence. Ce n'est qu'au XVIe siècle que des marins italiens en firent la promotion. Ils en ramenèrent de grosses quantités en provenance d'Asie et présentèrent alors le chou-fleur comme leur grande découverte !

COCA

Jerry Lewis sauvé de justesse

Depuis quelques semaines, Jerry Lewis a bien du mal à convaincre son ami Jack :

– Va voir un médecin, tu verras, ce n'est pas si terrible que ça !

Mais l'autre ne veut rien entendre :

– Cela me fout trop la trouille ! Laisse tomber !

Heureusement, il se fait que Jerry Lewis est du genre obstiné et qu'il a décidé de ne pas laisser tomber. Il sait que, depuis de longues années, son ami Jack souffre de migraines terribles et il veut l'aider. Finalement, il appelle un toubib de ses connaissances dans une clinique de Houston et réserve une chambre. Jack finit par accepter d'y aller. Il va donc enfin se soumettre à une série d'examens. Nous sommes le 29 septembre 1978, une date que Jerry Lewis n'oubliera jamais.

Ce jour-là, Jerry Lewis n'est évidemment pas mécontent de ce qu'il vient de réussir. Il se trouve dans le hall de l'établissement et s'apprête à prendre congé du médecin et de son assistante avec qui il vient de bavarder. Brusquement, Jerry Lewis s'effondre au pied du praticien. En quelques secondes, il est emmené aux soins intensifs. Le docteur est convaincu que le célèbre comique vient d'être victime d'une crise cardiaque. Il en offre plusieurs des symptômes.

Mais assez vite, cette hypothèse-là est écartée. Un peu plus tard, le médecin ami de Jerry Lewis découvre que son illustre patient est atteint d'un très sérieux ulcère à l'estomac.

Lorsqu'il revient à lui, l'artiste raconte ses problèmes. Depuis des années, il souffre de la colonne vertébrale. Les douleurs sont aussi régulières que violentes. Afin de les calmer, Jerry Lewis a trouvé un remède radical : le Percodan. Il en avale jusqu'à quinze comprimés par jour ! Et, toujours, accompagnés d'une forte dose de Coca-Cola !

Un soir, à Chicago, Jerry Lewis participe à un gala de bienfaisance au profit d'un orphelinat. Lors d'une fête suivant le spectacle, il s'évanouit. La douleur, encore elle ! Un médecin lui fait une piqûre. Et Jerry Lewis complète le traitement avec l'éternel Percodan, absorbé à l'aide de la même boisson gazeuse.

Il sait que, s'il ne veut pas souffrir du dos, il lui reste une seule chose à tenter : l'opération. Mais on l'a prévenu qu'il avait une malchance sur deux de rester paralysé. Alors, Jerry Lewis a préféré les analgésiques. Il ne sait même plus depuis combien de temps, quotidiennement, il consomme ces médicaments. Le fait est que ce sont eux les responsables de l'état dramatique de son organe. Le médecin lui explique :

– Comme ils calmaient toutes les douleurs de votre organisme, vous n'aviez jamais eu mal à l'estomac. Mais je puis vous certifier que si l'ulcère n'avait pas été décelé aujourd'hui, vous seriez mort d'une péritonite dans les quinze jours...

Les migraines de son ami Jack avaient permis à Jerry Lewis d'échapper au pire.

COCHON

Une certaine Joséphine

Années soixante-dix. Richard Anthony vit dans une jolie villa en bord de Seine, à Haute-Isle, près de Mantes. Ses enfants aiment s'entourer d'animaux. Le chanteur ne les déteste pas d'autant que, lorsqu'il était gosse, ses parents lui interdisaient ce genre de compagnie. On trouve dès lors, dans la famille Anthony, deux lapins, trois chats, deux teckels et un berger allemand. Mais aussi... une mouette !

Cette dernière est arrivée blessée chez les Anthony, qui l'ont baptisée Mistinguett et l'ont aidée à retrouver la pleine forme. Traitée royalement, elle n'a plus eu envie d'aller voir ailleurs et est restée ! Et c'est Richard qui a été désigné pour alimenter Mistinguett. Le problème, c'est qu'elle est un peu difficile. Ainsi la mouette affiche-t-elle un faible pour les petites sardines. Résultat : dévoué, Anthony effectue régulièrement douze kilomètres afin de se rendre chez le poissonnier et pouvoir ramener la nourriture idéale !

Mistinguett montre qu'elle n'a nullement l'intention de renouer avec son existence d'antan, car, fait totalement inhabituel pour un animal de son espèce, elle finit par s'installer à l'intérieur de la demeure. Son point de chute : le dessus du réfrigérateur ! Mais lorsque Richard rentre tard et qu'il pénètre dans la cuisine à la recherche d'une boisson ou de victuailles, pas sympa, Mistinguett se met à piailler, ce qui réveille toute la maisonnée ! À moins qu'elle n'envoie le contenu de son bol d'eau à la figure du malheureux noctambule ! Mistinguett n'a même pas la reconnaissance du ventre...

À une autre époque, et dans une autre demeure, les enfants de Richard Anthony lui réclament un petit cochon rose ! Le père accepte et ramène un jour le nouveau compagnon. Ou plus exactement, la nouvelle compagne. Il s'agit d'une truie qui reçoit le doux prénom de Joséphine. Les gosses sont à la fête.

Mais, évidemment, une fois que Joséphine se met à grandir, elle devient plus envahissante, plus sale. Et, pour couronner le tout, plus méchante ! Un soir, Richard Anthony reçoit le patron des programmes d'Europe 1. Joséphine s'approche de l'invité et lui mord sauvagement le genou !

L'interprète de *J'entends siffler le train* est furieux et décide d'en finir. Sans en parler à sa progéniture, il ordonne au jardinier d'attraper discrètement la bête et de lui régler définitivement son compte !

En rentrant de l'école, les enfants constatent l'absence de Joséphine et s'en inquiètent. Ils l'appellent. Pas de réponse ! Ils verront plus tard, car il faut passer à table où ils parlent d'autre chose. Les Anthony mangent en se pourléchant les babines.

- Que c'était bon ! s'exclament-ils.

Sans avoir été tous mis au courant, ils venaient de bouffer Joséphine ! Lorsque les plus jeunes le comprirent, ils firent la tête à leurs parents pendant huit jours. Ce qui s'appelle avoir un caractère de cochon...

COCKTAILS

Marie-Christine Barrault échappe aux huées

Une jeune femme blonde affichant quelques rondeurs sans excès s'approche de la balance. Elle a enlevé ses chaussures, retient son souffle et... craint le pire ! C'est-à-dire les remarques de l'animatrice et de la petite assemblée l'entourant. Nous sommes à la fin du printemps de 1978 quelque part à Paris, dans une réunion Weight Watchers. La dame inquiète s'appelle Marie-Christine Barrault.

Quelques heures plus tôt, elle se trouvait encore au Festival de Cannes où elle défendait les couleurs du film du metteur en scène belge André Delvaux, *Femme entre chien et loup*.

La coordinatrice de la séance regarde les chiffres très précis indiqués par le compteur et, selon le rituel, s'adresse à la cantonade :

— Vous savez que Marie-Christine était à Cannes. Vous imaginez la vie que son travail a pu lui faire mener là-bas. Eh bien, malgré ces déjeuners, ces dîners, ces cocktails, elle n'a pris que huit cents grammes !

La comédienne est ravie de bénéficier ainsi d'un traitement de faveur, car, d'habitude, la mégère est sans pitié et vilipende les malheureuses ayant accumulé des calories superflues au cours de la semaine ou de la quinzaine écoulée.

Bonne vivante ayant régulièrement des soucis avec son poids, Marie-Christine Barrault est lucide. Selon ses propres termes, elle n'a jamais été une sylphide et n'a jamais désiré l'être. Dans les années soixante-dix, elle a très concrètement entendu parler de Weight Watchers par une amie de sa mère. Elle s'est rendue à une séance d'information où le mélange de sérieux et d'un peu de spectacle lui a plu. Quant aux conseils qu'elle y a reçus, elle n'a jamais songé à les prendre à la légère...

CROISSANTS

Le sachet pour Madeleine

Depuis quinze ans qu'il est installé à côté d'Antibes, dans l'arrière-pays, Louis Tavernier a noué des relations amicales avec beaucoup de ses clients. On aime se rendre à la boulangerie de Louis, d'abord parce que la marchandise y est de qualité, ensuite parce que le bonhomme n'est jamais de mauvaise humeur. À ceux qui le lui font remarquer, il répète souvent :

— Pourquoi ferais-je la gueule alors que je suis en bonne santé, que j'exerce le métier que j'ai choisi et que je vis dans la plus belle région du monde ?

Vu sous cet angle-là, effectivement, Louis n'aurait pas d'excuse si, d'aventure, il tirait la tête !

Parmi les fidèles de Louis, figure en très bonne place, et peut-être même en tête, Madeleine Garcin. Âgée de soixante-seize ans, elle habite juste en face du magasin. Aujourd'hui (en 1977), elle jure qu'elle a été la toute première à s'y rendre lorsque Louis l'a repris. En fait, elle ne s'en souvient plus exactement, et Louis non plus. Mais il est clair que, dès le début, Madeleine Garcin est venue quotidiennement chez son voisin et que, le mardi, jour de fermeture, elle a toujours été un peu perdue !

Depuis le décès de son mari, Madeleine vit seule. Les trois enfants de sa sœur, elle aussi disparue, ne demeurent pas bien loin, mais ils l'ignorent. Ils passent en vitesse au Nouvel An et le jour de son anniversaire, quand ils y pensent.

— C'est un neveu comme vous que j'aurais dû avoir ! a déjà dit Madeleine à Louis.

Le boulanger, un grand gaillard de trente-sept ans, en a été touché.

— Eh bien, Madeleine, on va faire un truc uniquement pour nous deux. À partir d'aujourd'hui, je vais être comme votre neveu adoptif. D'accord ?

La vieille dame a été émue aux larmes. Et, avant de prendre sa baguette, elle a embrassé le boulanger.

En 1970, victime d'un étourdissement, Madeleine a été renversée par une voiture en traversant une petite place. La jambe droite a été cassée et, la situation s'étant par la suite un peu compliquée, Madeleine n'a jamais retrouvé sa mobilité d'antan.

Dès qu'il dispose de quelques minutes, Louis, par ailleurs marié et père d'un petit garçon, se rend chez Madeleine et lui donne un coup de main comme il le peut.

À partir du moment où il réalise que Madeleine ne pourra plus effectuer ses courses elle-même, il lui promet de déposer chaque matin devant sa porte les croissants qu'elle aime tant.

Nous sommes alors le 24 avril 1970. Ayant le sens de la parole donnée, Louis n'oublie pas une seule fois sa mission. Certes, il y a bien le mardi où Madeleine en est privée. Et puis, il arrive au boulanger de partir en vacances, mais jamais longtemps. Sinon, Louis se lève au milieu de la nuit, prépare son pétrin, fabrique son pain et ses viennoiseries et, avant d'ouvrir la boutique, il se faufile dans l'immeuble de Madeleine, monte au deuxième étage et livre le sachet contenant deux croissants.

Constatant que Madeleine ne vit pas dans l'opulence, Louis refuse de se faire payer.

— Je suis trop heureux de vous les offrir. Savoir que je vous fais plaisir me suffit...

Madeleine bénit le Ciel d'avoir mis Louis Tavernier sur sa route. D'autant que si ce dernier ne peut se déplacer, Laure, son épouse, le remplace. Et elle est souvent accompagnée de Christophe qui, en grandissant, entretient des relations de plus en plus complices avec celle qu'il a appelée de lui-même "Mamy Madeleine". Bref, ces gens-là appartiennent à la même famille, celle du cœur.

Au début de l'année 1977, Madeleine Garcin, qui a toujours été fragile des bronches, est atteinte d'une angine de poitrine. Son médecin préfère l'hospitaliser. Pour la première fois depuis près de sept ans, Louis est dans l'incapacité de lui fournir les croissants. Il court au chevet de la malade, de plus en plus faible. Elle lui parle à peine, lui sourit doucement. Et dans les heures qui suivent cette ultime rencontre durant laquelle elle s'est endormie en tenant la main de Louis, Madeleine décède.

Au lendemain d'obsèques organisées par des neveux motivés par l'appât du gain, même si, selon leurs estimations, le pactole doit être maigrichon, Maître André Cornusier, notaire à Antibes, convoque Louis Tavernier et lui annonce qu'il est l'unique héritier de Madeleine !

Le boulanger en est bouleversé. Il aimait tendrement la vieille dame et sa mort a été pour lui un terrible choc. Ayant perdu sa mère il y a longtemps, Madeleine avait, à certains égards, remplacé celle qui lui manquait tant.

Mais jamais Madeleine ne lui avait parlé de dispositions testamentaires. À l'instant où l'homme de loi entame la conversation avec lui, Louis est très ému. Puis, au fil des minutes, très étonné !

— Mme Garcin vous lègue son appartement, les deux villas qu'elle possédait, l'une à Cannes, l'autre à Juan-les-Pins, faisant actuellement l'objet de baux de location que je vous remettrai.

Par ailleurs, elle était titulaire de comptes bancaires et avait effectué des placements de sommes importantes qui sont désormais à vous...

Louis n'en revient pas. Il savait Madeleine propriétaire de son logement, mais avait toujours cru qu'elle éprouvait parfois des difficultés à nouer les deux bouts!

— La dernière fois qu'elle m'a fait demander à son domicile, le 22 septembre 1976, elle a confirmé ce qu'elle m'avait dicté six ans plus tôt, c'est-à-dire, précisément, le 15 octobre 1970. Lors de cette entrevue du début de l'automne, elle avait sans doute le pressentiment que sa fin approchait, car elle m'a confié: "Je ne sais pas si je vous reverrai... Après mon décès, auriez-vous l'obligeance de remettre cette lettre à Louis?"

Cornusier la tend à l'intéressé.

- Elle a ajouté: "Vous savez, Louis, il est merveilleux..."

Pudique, Tavernier attend d'être seul pour ouvrir l'enveloppe. Il le fait un peu tard, dans un joli square où des enfants jouent sous le regard de trois mamans assises sur un banc.

"Mon cher Louis,

Vous avez à ce point ensoleillé toutes ces années qui, grâce à vous, furent belles, que je vous laisse ce que j'ai... Vous serez sans doute surpris par l'ampleur de mes biens. Je n'en ai jamais fait étalage. Issue d'un milieu modeste, j'ai appris très jeune à économiser et, ayant connu deux guerres, je n'ai cessé de mettre de côté. Avant que vous n'ayez l'excellente idée de devenir mon voisin, je ne savais à qui profiteraient mes "richesses"! Au fil du temps, l'affection que vous m'avez témoignée m'a apporté la réponse. Je suis convaincue que vous, Laure et Christophe, ferez bon usage de l'héritage.

Je vous embrasse très fort et vous remercie pour tout."

Les neveux apprirent ce qu'ils avaient perdu. Envisageant d'attaquer Tavernier en justice, ils consultèrent un avocat qui finit par les en dissuader.

Quant à Louis, malgré la fortune survenue subitement, il continua à travailler et, chaque matin, à penser à Madeleine chez qui il aurait tant voulu continuer à livrer ses croissants...

CROQUE-MONSIEUR

T'as le bonjour de Marie !

Il y a quelques années, une Américaine se préparait un croque-monsieur. Elle en avait à peine avalé une bouchée qu'elle vit apparaître la Vierge Marie ! C'est, en tout cas, ce qu'elle jura, y compris sur la Bible. Du coup, elle arrêta de le manger.

Dans la foulée, la dame se mit à gagner de jolies sommes au casino. Et, miraculeusement, le reste du croque-monsieur se conserva longtemps. Le 22 novembre 2004, la veinarde décida pourtant de s'en séparer, mais, dotée d'un sens aigu des affaires, elle le vendit aux enchères sur Internet ! Les amateurs furent aussi nombreux qu'enthousiastes. Moyennant quoi le vieux bout de pain partit pour 15.000 dollars !

CUISINE (ÉMISSION DE)

L'assassinat d'un centenaire

Depuis qu'il est retraité, Billy Burton se consacre presque pleinement à ses deux passions, la cuisine et la télévision. À la différence près que la première, il la fait et que la seconde, il la regarde. Derrière ses fourneaux, Billy Burton, marié, père de quatre enfants et grand-père de huit petits-enfants, est, peut-être, le plus heureux des hommes.

Il adore recevoir sa “tribu” dans sa propriété, quelque part en Louisiane.

Préparer à manger pour vingt personnes ne l’a jamais effrayé. Il suffit qu’on le laisse travailler dans son domaine ; il est même vivement recommandé de ne pas le déranger. Et encore moins de lui donner un conseil. Car Billy Burton n’en fait de toute façon qu’à sa tête.

Margaret, son épouse, le sait depuis longtemps et évite de marcher sur ses plates-bandes. En outre, dans la cuisine, elle a appris à se taire ! Tout comme devant la télévision, lorsque passent les programmes préférés de son mari. En réalité, il vaut mieux ne jamais contrarier Billy qui peut avoir des réactions brusques. Ainsi, un jour, il a littéralement jeté de son antre l’une de ses belles-filles, que, par ailleurs, il apprécie beaucoup, simplement parce qu’elle avait osé émettre un doute sur la quantité de sel à introduire dans une pâte !

Une autre fois, il a versé le contenu d’une bouteille d’eau minérale sur la tête d’un copain s’étant permis de poser trop souvent la même question – “Tu es sûr ?” – à propos d’ingrédients que, lui, n’aurait pas choisis pour la préparation en cours.

À chaque expulsion, Billy avait la même phrase :

— Et celui à qui ça ne plaît pas, il n’a qu’à aller bouffer ailleurs !

Dès lors qu’on ne le contrarie pas dans ses domaines de prédilection, Burton se montre charmantissime.

Ayant quitté l’école de bonne heure, il a toujours aimé s’instruire.

Grâce à certaines chaînes thématiques, il parvient à poursuivre son éducation. Avide de documentaires abordant l'histoire, la géographie ou même la vie des animaux, il n'est pourtant jamais aussi ravi que lorsqu'il peut capter une émission consacrée à la gastronomie.

En ce printemps de 1999, il ne raterait pour rien au monde une série où de grands chefs de différents pays détaillent leurs recettes préférées. Billy aime à ce point cette production qu'il en enregistre chacun des numéros pouvant ainsi compléter les notes prises au vol.

Mais le 4 mai 1999, un incident inattendu vient perturber le cours cathodique de Billy. Au milieu d'une explication délivrée par le Français Paul Bocuse, l'image s'interrompt brusquement. L'écran reste noir pendant une ou deux secondes, puis apparaissent quelques lignes signalant que, si le décodeur fonctionne bien, quelque chose gêne la réception du signal...

Excédé, Billy Burton appuie brutalement sur l'un ou l'autre bouton de la commande, mais il n'a nul besoin de mener une longue enquête avant de comprendre pourquoi il vient de perdre son émission favorite. Car dix minutes environ se sont écoulées sans que le mal soit réparé.

À l'une ou l'autre reprise déjà, il lui est arrivé de subir ce genre de désagrément momentané et de démasquer le coupable : le chêne de Felix Stewart, le voisin !

Billy a donc signalé à qui de droit qu'il devrait couper des branches dont certaines, d'ailleurs, dépassent dans sa propriété. Félix a vaguement promis de faire le nécessaire, mais n'a pas agi. Un soir qu'à cause de son laxisme, Billy Burton a été privé des trois dernières minutes – cruciales et essentielles – d'un thriller, Stewart a été tiré de son lit par des noms d'oiseaux. Et pas nécessairement ceux ayant sans doute trouvé refuge dans son chêne...

Ce 4 mai 1999, Billy Burton passe à la vitesse supérieure et décide d'employer les très grands moyens. Il se rend chez un ami jardinier et lui emprunte le matériel dont il a besoin. Billy revient chez lui, saute la clôture séparant son terrain de celui de Stewart et se met au boulot ! Armé d'une énorme scie électrique, il entreprend d'abattre le responsable de sa grosse contrariété ! Pas idiot, Burton a bien préparé son coup et, vu l'espace dont il dispose alentour, il ne risque pas de voir tomber l'arbre sur une habitation, un chemin ou une route. De plus, il a choisi de sévir à un moment où il sait les Stewart absents !

Lorsque ceux-ci regagnent leur domicile, ils sont d'abord anéantis en découvrant le désastre. Ensuite, outrés par le comportement de Burton qui, de sa fenêtre, les nargue.

— Z'aviez qu'à pas m'embêter ! Na !

Au bord des larmes, Stewart explique enfin qu'il aimait profondément son chêne et que ce vaillant centenaire méritait le respect. À ses yeux, c'est d'un assassinat dont Burton s'est rendu coupable !

L'autre ricane.

— Moi, j'aimais profondément mon émission de cuisine que vous avez tuée ! Au moins, je suis sûr que vous n'aurez pas la peau de la prochaine !

La justice, que Felix Stewart saisit, n'eut pas la même appréciation. Et condamna Billy Burton à payer des dommages et intérêts à son voisin, pour s'en être pris sauvagement à un centenaire sans défense... Stewart et Burton ne furent plus copains. Et ne songèrent plus à s'appeler mutuellement "vieille branche"...

D

DÉJEUNER

Des mets délicieux avant le grand saut

Pour son dernier déjeuner, Sabrina Watkins ne se refuse rien. Au traiteur auquel elle s'adresse plusieurs fois par semaine, elle a commandé du foie gras, du saumon fumé, du caviar, des petits gâteaux au chocolat, le tout arrosé d'un champagne millésimé.

Ce 24 novembre 1967, le livreur sonne chez Sabrina Watkins à midi pile. Morgan, la bonne, ouvre la porte, prépare la table et, comme il a été convenu, s'éclipse. Car, exceptionnellement, Sabrina lui a donné congé. Morgan en a été la première étonnée, mais n'a pas posé de question. Lorsque sa domestique, une jeune femme grassouillette de trente ans, la salue, comme d'habitude, Sabrina lui dit :

— À demain !

Pourtant, elle sait pertinemment qu'elle ne la reverra plus. Ni demain, ni plus tard. Car Sabrina Watkins a décidé de se suicider ce 24 novembre 1967, aux alentours de 15 heures.

Ce jour-là n'a pas été choisi par hasard. Douze mois plus tôt très précisément, Sabrina Watkins a eu quarante ans, ce qu'elle a déjà mal vécu. Et comme si cela ne suffisait pas à son "malheur", elle a appris, par hasard, que Richard, son mari, avait une maîtresse.

La nouvelle lui est parvenue assez bêtement. Ce soir-là, il était prévu que Richard vienne la chercher à vingt heures pour aller au restaurant. À 20h30, Watkins n'étant pas là, Sabrina téléphona à Tracy, sa secrétaire, qui lui donna un numéro en précisant :

— Monsieur est parti vers 16 heures et m'a dit qu'en cas d'urgence, je pouvais l'appeler là-bas...

Sabrina le fit et tomba sur une dame qui, sans vouloir en savoir plus, prévint :

— Je vais le chercher...

Sabrina perçut le bref dialogue suivant :

— Qui est-ce ?

— Une femme.

— Tracy, sans doute. À cette heure-ci, c'est sûrement pour une tuile...

En l'occurrence, c'était tout le toit, voire davantage, qui tomba sur la tête de Sabrina. Car celle-ci comprit très vite qu'en guise de cadeau d'anniversaire, elle devrait se contenter d'une splendide paire de cornes !

Il est vrai que le mari fut tellement lamentable que l'infortunée n'eut pas besoin de fournir de gros efforts pour reconstituer le puzzle dont elle était une pièce accessoire. À la place de faire preuve d'imagination, Richard, pris au dépourvu, lui avoua d'entrée de jeu qu'il avait complètement oublié leur soirée et qu'il était en train de dîner chez une amie ! Quand on veut mener une double vie, la moindre des choses est d'avoir bonne mémoire.

D'autant qu'avec Sabrina, Richard n'aurait même pas dû posséder la panoplie complète du mari trompeur. Il avait la chance d'avoir épousé une femme qui, en le rencontrant, avait cru fermement au grand amour. À ses yeux, et une bonne fois pour toutes, Richard Watkins était parfait.

Cette vision idyllique devait lui simplifier considérablement l'existence, car, bien entendu, jamais Sabrina n'allait perdre de temps à se poser des questions sur son couple, ni gâcher de l'énergie à soupçonner Richard en train de batifoler ailleurs ou même d'envisager d'approcher de très près une autre représentante de la gent féminine.

Richard Watkins, publicitaire jouissant d'une certaine renommée, gagnait beaucoup d'argent, habitait dans un luxueux appartement au cœur de Londres, roulait au volant d'une imposante limousine, employait du personnel de maison et, dans les réceptions officielles, apparaissait au bras d'une ravissante créature, son épouse, Sabrina.

De taille moyenne, blonde aux yeux verts, celle-ci était dotée d'une classe et d'une grâce naturelle. Sur ses épaules, un drap de lit ou une serviette de bain auraient eu folle allure! Heureusement pour elle, son mari avait les moyens de lui faire fréquenter les grands couturiers dont elle aimait mettre en valeur les dernières créations.

Sabrina décorait très joliment. Et c'était finalement tout ce que Richard attendait d'elle. Comme il ne se sentait aucunement la fibre paternelle et qu'il n'attachait guère d'importance aux désirs – opposés, en l'occurrence – de sa moitié, Sabrina avait appris à articuler ses journées autour d'activités futiles qui, à défaut de la combler, lui paraissaient bien agréables. En tout cas jusqu'à ce funeste 24 novembre 1966.

Les jours qui suivirent cette révélation furent douloureux pour Sabrina. Ni courageux et encore moins téméraire, Richard évita de rentrer au domicile conjugal. Il se calfeutra dans l'appartement qu'il payait à Vikki, vingt-six ans, croisée grâce à un ami peintre pour lequel elle posait souvent nue et jamais très habillée. Si l'on se fiait aux apparences, la pauvre petite n'avait rien à se mettre. Ce qui explique que, dès le début de leur liaison, Richard lui offrit un manteau de fourrure.

Au fil des semaines, le gros malin dut tout de même affronter son épouse et avoir avec elle un semblant d'explication. Comme il était très satisfait de la situation, il lui proposait de ne rien y changer !

— Nous restons ensemble. Tu demeures ici avec moi quand j'y suis, sans moi quand je papillonne...

Et il avait jugé bon d'ajouter sur un ton se voulant rassurant :

— De toute façon, Vikki ne cherche nullement à te piquer ta place...

Sabrina aurait voulu l'insulter, le gifler, le tuer peut-être... Mais elle n'y parvenait pas. Anéantie, elle pleurait des heures entières, recroquevillée dans son lit ou dans ses divans moelleux acquis à prix d'or à une époque où elle croyait encore au père Noël.

Depuis que Sabrina avait bien involontairement percé le secret qui, désormais, lui empoisonnait l'existence, Richard multipliait les absences. N'ayant plus à les justifier, il s'en donnait à cœur joie.

Comme elle l'avait entendu au cinéma et au théâtre dans les histoires de cocus, Sabrina avait bien été tentée de demander ce que l'autre avait de plus qu'elle. Mais redoutant une réplique du genre "Quatorze ans de moins!", elle avait préféré s'abstenir.

Douze mois s'étaient donc écoulés dans la tristesse qui, petit à petit, s'était transformée en désespoir. Sabrina Watkins n'ayant pas réussi à surmonter son drame, elle avait résolu d'en finir plutôt que de se traîner encore et encore, sans enthousiasme et sans amour. Elle n'avait parlé de son funeste projet à personne, et surtout pas aux bonnes copines qui l'avaient assaillie de prodigieux conseils se ressemblant tous.

— Venge-toi! Prends un amant!

Ou:

— Profite de son fric et amuse-toi!

Ou bien encore:

— Tape-toi son meilleur ami, ou, mieux, son meilleur ennemi, et arrange-toi pour qu'il le sache!

Sabrina, qui pensait avoir été conçue pour la fidélité et l'homme unique, ne pouvait pas entrer dans la peau d'une autre. À moins, peut-être, d'attendre longtemps. Et Sabrina était pressée.

Pressée, mais presque sereine, comme lorsqu'on est soulagé d'avoir arrêté un plan et que l'on va s'y tenir.

Ce 24 novembre 1967, seule dans son boudoir tout tendu de bordeaux, sa couleur préférée, Sabrina Watkins savoure donc pleinement le foie gras, le saumon fumé, les gâteaux au chocolat et le champagne millésimé. Elle débarrasse elle-même la table, ce qu'elle n'a pas fait depuis plus de dix ans.

Ensuite, vêtue d'un manteau court noir et gris qu'elle a enfilé au-dessus d'une robe bordeaux assortie à ses chaussures, elle avance lentement vers la Tamise. Il est 14h45, le ciel est bas, il fait frais et Sabrina grelotte de plus en plus.

Elle a toujours été tellement fascinée par le cours de ce fleuve, qu'elle était capable d'admirer des heures durant assise sur un banc, qu'elle n'a pas hésité un seul instant quant à la façon dont elle souhaite mourir. C'est forcément dans la Tamise qu'elle se jettera.

L'endroit qu'elle a choisi est quasi désert et facile d'accès. 15h02. Sabrina s'y trouve. Il lui reste deux pas à effectuer, puis à plonger. Comme elle ne sait pas nager – elle n'a jamais appris et, l'été, elle se contente de barboter au bord d'une piscine –, une fois dans l'eau glacée, elle sera vite asphyxiée.

Sabrina a froid, très froid et ne peut s'empêcher de claquer des dents. Ses jambes flageolent. Subitement, la belle se sent mal ; le champagne lui est monté à la tête et elle digère mal. Tétanisée, Sabrina fixe la Tamise en respirant profondément. Il lui suffit maintenant de se pencher ; elle perdra l'équilibre et se noiera.

15h11. Lentement, Sabrina recule, puis fait demi-tour. Pendant une heure, elle marche en ignorant où elle va. Un pub, dont la façade lui semble plus accueillante que d'autres, l'incite à s'arrêter. Elle se réfugie dans l'arrière-salle. Il y a peu de clients en ce milieu d'après-midi et, en deux minutes, elle obtient un thé qu'elle s'efforce d'avaler presque bouillant.

Sabrina ne comprend pas pourquoi elle n'est pas morte. Mais, in extremis, quelque chose de bizarre l'a retenue. Elle s'est dit :

— Je risque d'avoir une indigestion et ça va tout foutre en l'air !

Et, dans le même temps, elle trouve grotesque d'avoir pu avoir une telle pensée, car un incident, somme toute léger, n'aurait pas dû contrarier une décision aussi mûrement réfléchie. En réalité, Sabrina, qui se croyait forte, a été perturbée par un imprévu et son scénario en a été bousillé.

En est-elle contrariée? Pas sûr! Dans cet établissement aux fauteuils confortables, Sabrina, qui vient à nouveau de commander du thé, a l'impression que le temps s'est figé. Elle ferme les yeux. Lorsqu'elle les ouvre, elle voit à la table à côté de la sienne un homme aux traits fins et aux cheveux grisonnants qui l'observe, visiblement agité. Il s'exprime d'une voix à la fois douce et peu assurée.

— Madame, veuillez m'excuser de vous importuner, mais j'ai cru à une apparition…

L'inconnu se reprend.

— Je vous demande pardon! Je suis stupide…

Sabrina est intriguée par son voisin.

— Vous ne me dérangez nullement, monsieur. Est-ce que je peux vous aider?

— Je me présente, fait-il un peu gêné, Danny Obson.

— Enchantée. Je suis Sabrina Watkins.

Et, instinctivement, elle lui propose de s'asseoir en face d'elle. Comme on n'a pas encore déposé de boisson devant lui, elle lui offre du thé pour lequel elle demande une deuxième tasse.

Danny Obson la remercie trois fois.

— Vous êtes certaine que je ne vous importune pas? Quelqu'un vous attend peut-être?…

Sabrina secoue la tête.

— Personne ne m'attend nulle part…

Ne prêtant pas attention à cette dernière remarque, mis en confiance, Obson se raconte.

— J'ai été marié pendant dix ans à Sarah, une femme charmante que j'ai délaissée. Pas pour une autre, non ! Pour mes affaires ; je vends des voitures dans plusieurs pays européens. Je ne me suis pas rendu compte à quel point mon épouse était malheureuse. Comme nous n'avons pas eu d'enfant, elle était seule la journée. Et, souvent, le soir également. Moi, j'étais devenu un courant d'air. Égoïste, je n'ai pas voulu accepter le fait que Sarah fût dépressive et en danger. Il y a cinq ans, elle s'est suicidée en se jetant dans la Tamise, non loin d'ici...

Sabrina est bouleversée.

— Quand je suis entré ici, j'ai aperçu votre silhouette qui ressemble étrangement à la sienne. J'ai cru que c'était elle et que j'allais enfin arriver à temps et l'empêcher de mourir...

Sabrina explique comment sa résolution, identique à celle de Sarah, a été ébranlée et comment ses pas l'ont amenée dans ce quartier qu'elle ne connaît pas.

— Comme c'est étrange, répète Danny.

Il émane de cet homme, qui doit avoir sept ou huit ans de plus que Sabrina, quelque chose de rassurant. Danny glisse un mot de temps à autre. Sabrina, elle, est volubile. Cela fait une éternité qu'elle n'a pas parlé aussi librement. Tout y passe : ses origines modestes, son coup de foudre pour Richard, la comédie du bonheur avec un mari qui jouait faux et ce qui a suivi.

Par instants, quand Sabrina se risque à s'amuser de ses malheurs, ce qui est totalement neuf chez elle, Danny sourit. Et, mine de rien, pour la première fois depuis un an, Sabrina se sent enfin mieux.

Elle est tellement bavarde qu'elle n'a pas vu l'heure du dîner arriver.

— Je crois que j'ai faim, avoue-t-elle.

— Et je crois que c'est contagieux ! admet Danny.

Le repas fut léger, plein de charme et de magie. Le destin – car, dans leur cas, il ne pouvait pas y avoir de hasard – venait de faire se rencontrer deux rescapés de la vie. Après le dessert, Sabrina murmura :

— J'ignore de quoi demain sera fait. Je suis tellement perdue que je n'ai plus la force de l'envisager. Il y a une chose que j'aimerais...

Elle baissa les yeux :

— Au risque de paraître ridicule, je vous ouvre tout grand mon cœur...

— Vous n'êtes nullement ridicule. Ou bien, alors, nous le sommes l'un et l'autre...

— Encore une chose, donc... Si, dès cet instant, nous désirions, mais doucement, sans rien précipiter, essayer de faire un bout de chemin ensemble, sachez que cela me plairait infiniment...

Danny lui sourit tendrement. Pas doué pour les longs discours, il n'ajouta pas un mot. Ils sortirent du restaurant et marchèrent ainsi pendant de longues minutes. Puis, avant de traverser une rue, il lui prit la main et ne la quitta plus.

"Tu vas m'entendre..."

Sa femme lui ayant reproché de trop travailler et de ne pas s'occuper suffisamment d'elle, l'animateur de France-Inter, José Artur, l'emmène déjeuner à la campagne. Ce qui se passe ensuite est surréaliste. Le repas achevé, le couple remonte dans la voiture. Il est un peu plus de quinze heures. José Artur branche la radio. Les infos s'achèvent. Il dit à son épouse :

— Tu vas m'entendre. Tous les vendredis, en direct, je présente *Aquarelles du Brésil*...

Et, à cet instant, une voix annonce :

— José Artur étant souffrant, la musique brésilienne sera seule au rendez-vous...

Et il réalisa alors quelle bourde il venait de commettre...

DÎNER

Une dent contre la mauvaise payeuse

Anna Van Kastel a beaucoup de qualités et, essentiellement, un gros défaut : elle est pingre ! C'est plus fort qu'elle : dès qu'elle peut rogner sur un centime, elle éprouve une sorte de jouissance !

Et ce n'est pas de l'époque à laquelle se passe cette histoire (1994) que date cette caractéristique.

Dès les débuts de son mariage avec Jebbe qui, par la suite, lui donna trois enfants, Anna se montra radine. Lorsqu'il arrivait à son époux d'effectuer quelques courses, elle voulait toujours savoir combien il avait dépensé. Et gare au malheureux si Anna découvrait qu'il aurait pu trouver tel article moins cher ou carrément s'abstenir d'acheter tel autre !

La vie de Jebbe Van Kastel n'avait pas été un enfer, mais elle aurait été un rien plus agréable si Anna n'avait pas consommé autant d'énergie à compter ses sous, ceux qu'elle aurait pu économiser et ceux qu'elle avait eu tort de laisser filer !

En 1988, Anna se retrouva veuve, et, alors que ses proches ne pensaient pas que ce fût possible, son avarice augmenta encore ! Un peu comédienne, la dame réussit à faire croire que sa nouvelle situation lui avait procuré des ennuis financiers.

Certes, Anna Van Kastel ne roulait pas sur l'or, mais elle bénéficiait d'une retraite correcte et, par ailleurs, son mari lui avait laissé quelques biens. Elle n'avait donc aucun souci à se faire.

Pourtant, partout où elle passait, elle se plaignait. Et comme, dans la banlieue d'Amsterdam où elle habite, on compatissait plutôt, elle en profita pour payer ses dettes avec retard, quand certains commerçants n'oubliaient pas de les lui réclamer...

En 1994, Anna est dans l'obligation de se faire placer un dentier. Cela lui fait mal, aux dents peut-être, mais encore plus au ventre ! Car Mme Van Kastel se rend compte qu'elle va devoir sortir une grosse somme d'argent... Une fois la prothèse installée, Anna prévient le spécialiste qu'elle est "un peu gênée en ce moment", selon ses propres termes. Le Dr Jan Goswijn, qui connaît Anna depuis longtemps, et qui n'a pas toujours récupéré son dû dans des délais très courts, accepte d'attendre un peu.

La pose du dentier nécessite quelques réglages pour lesquels la patiente doit évidemment revoir son médecin. À chaque fois, elle répète :

— Je n'oublie pas votre note !

Mais Anna ment... comme une arracheuse de dents !

Sept mois passent. Agacé, puis ulcéré, le dentiste a envoyé plusieurs rappels. En vain. Dans le dernier, il a menacé sa cliente de poursuites judiciaires. Et n'a obtenu aucune réaction.

Le 18 octobre 1994, Jan Goswijn dîne en compagnie de son épouse, Fiona, dans un restaurant d'Amsterdam. Après avoir lu la carte et passé la commande, il regarde distraitement la salle, relativement bien remplie. Et, à l'autre bout, par rapport à l'endroit où il est assis, qui aperçoit-il ? Anna Van Kastel, mangeant en tête à tête avec une dame de son âge !

Le sang du docteur ne fait qu'un tour. Il se lève et se précipite vers Anna qui vient juste d'avaler un verre de vin. Jan Goswijn lui empoigne le visage et, d'une main ferme, lui tient la bouche ouverte, tandis que, de l'autre, il lui extrait le dentier ! Anna se débat, mais ne peut rien contre cet homme grand et fort. Et, surtout, bigrement déterminé !

Autour des belligérants, on prend évidemment parti pour cette pauvre vieille et contre un olibrius lui piquant honteusement ses dents !

L'incident fait grand bruit. D'autant qu'Anna en rajoute :

— Ce salaud s'acharne sur une veuve sans le sou !

Ou, plus exactement, le soir même, quand elle éructe, cela donne ceci :

— Fe falaud f'afarne fur une veuve fan le fou !

Car, ce 18 octobre 1994, vers 21h30, Anna est obligée de se débrouiller sans dentier. Première conséquence : elle est incapable de terminer son repas. Mais, pour se remettre, et comme c'est sa copine qui invite, elle avale encore trois verres de vin, puis rentre chez elle.

Le lendemain matin, en rage, elle appelle le cabinet du Dr Goswijn et demande un rendez-vous d'urgence en précisant, comme elle l'a entendu souvent à la télé dans les films policiers lorsqu'il était question d'une rançon :

— J'ai l'argent !

Ou, plus précisément, en version sans dents :

— V'ai l'arvent !

Anna Van Kastel récupéra la prothèse. Et plus encore. Car elle traîna le docteur Goswijn en justice pour coups et blessures, et gagna un petit paquet de florins qu'elle mit précieusement de côté...

Mirande passe le cigare

Ancien journaliste, auteur de comédies, Yves Mirande avait le sens de la formule qui fait mouche. Un jour, Colette le prie de l'accompagner à un dîner chez des gens qu'il n'apprécie guère. Il se fait désirer et, finalement, accepte. La nourriture est mauvaise et Mirande s'ennuie. Si bien que lorsqu'on lui propose un havane que, d'habitude, il apprécie, il réplique :

— Non, merci ; je ne fume le cigare qu'après un bon repas...

À l'Élysée, Le Luron amuse Pompidou

11 février 1974, à Paris, au Palais de l'Élysée. Une centaine de ministres, de députés et autres excellences accompagnées de leurs épouses s'installent aux tables qui leur sont réservées. La soirée a été voulue par Georges Pompidou, le président de la République, comme pour faire taire les rumeurs sur son état de santé. En compagnie de Claude, son épouse, il accueille donc le gouvernement au grand complet et les personnages les plus influents du pouvoir en place.

En musique de fond, les musiciens de la garde républicaine ont inscrit à leur menu Bach, Rameau, Lulli, Corelli et Vivaldi.

Côté assiettes, les invités n'ont pas non plus à se plaindre : homard à l'armoricaine, selle d'agneau Chevreuse accompagnée de légumes et de ses cœurs de laitue.

Mais le vrai plat de résistance ne sort pas des cuisines. Il bondit bientôt sur la scène. Il s'appelle Thierry Le Luron. Le jeune imitateur – il a seulement vingt et un ans –, adulé par la France et la Belgique entières, a reçu carte blanche pour dérider un public particulièrement atypique.

Est-ce cette singularité qui lui tombe sur les cordes vocales ? Le fait est que, au début de l'après-midi de ce 11 février 1974, Thierry Le Luron est aphone. Piqûres et gargarismes font revenir assez vite cette voix aux mille possibilités. Et, à l'heure prévue, l'artiste peut ainsi s'en donner à cœur joie. Il épingle Charles Aznavour, Dalida, Johnny Hallyday, Tino Rossi ou Brigitte Bardot. Puis attaque la partie politique de son spectacle. Il fait dire à Jacques Chaban-Delmas, ex-Premier ministre de Pompidou :

— Je vois qu'à part quelques ministres, les meubles n'ont pas changé. Comme quoi on peut changer le décor sans changer de style.

Visionnaire, il met ces mots dans la bouche de François Mitterrand :

— Je suis venu reconnaître les lieux...

Le couple Pompidou donne le départ des applaudissements. Thierry Le Luron s'en prend ensuite à Valéry Giscard d'Estaing, alors ministre des Finances, et la seule de ses victimes à être présente dans la salle. Un peu plus tard, le futur président le croise et, arrondissant la bouche, lui demande :

— Alors, là, c'est vous qui parlez, ou c'est moi ?

Georges Pompidou est ravi du divertissement et s'exclame auprès de Le Luron :

— Merci beaucoup et bravo !

Il poursuit :

— Grâce à vous, nous avons beaucoup ri dans cet endroit où la chose n'est pas courante...

Quelques jours plus tard, en souvenir de ce dîner pas comme les autres, Georges Pompidou fait porter à Le Luron une boîte à cigarettes en argent signée de sa main. Un cadeau tout indiqué pour rappeler à Thierry qu'il avait fait un tabac.

Mauvais placement

Dans un dîner, le maître de maison flirte ouvertement avec une jeune femme. Son épouse remarque son manège. Au cours du repas, elle en parle à la comédienne Alice Sapritch, l'une de ses invitées, et lui annonce : "La prochaine fois, je le placerai à côté de vous !"

E

EAU

Le verre de l'inimitié

Mars 1954 à Londres. Grace Christence, vingt ans, travaille d'arrache-pied pour devenir comédienne. Plusieurs fois par semaine, elle suit les cours de James Orlin, un alerte sexagénaire qui, sans avoir jamais été une tête d'affiche, a participé à des dizaines de spectacles représentés dans toute la Grande-Bretagne.

Grace, la bien prénommée, est grande, mince, blonde aux yeux bleus et dotée d'un charme fou. Ses parents, originaires du Danemark, se sont installés à Londres dans les années vingt où ils sont devenus des antiquaires renommés. Ils sont prêts à débourser l'argent qu'il faudra pour que "la petite" réalise son rêve.

Ce qui tombe assez bien, c'est que Grace est douée. James Orlin place en elle de grands espoirs, même si, régulièrement, il la contrarie quelque peu en affirmant :

— Tu es davantage faite pour la comédie que la tragédie. Tu as tort de vouloir l'ignorer.

Ne jurant que par le drame et les larmes, Grace ne veut, effectivement, rien entendre. Mais, parfois, obligée par James, elle interprète quelques scènes plus légères.

Totalement investie dans son art, Grace Christence ne pense qu'à lui et n'envisage la vie qu'à travers lui. Du coup, elle ne prête pas nécessairement attention aux gens qu'elle croise et même à ceux qui, dans certaines circonstances, l'entourent. Il y a pourtant au moins deux personnes auxquelles elle devrait s'intéresser.

La première s'appelle Michael Gawein. Il a vingt-quatre ans et participe aux mêmes cours qu'elle. Depuis quelques mois, s'il s'y rend, c'est essentiellement pour Grace. Il s'amuse lorsqu'il entre dans la peau d'un autre, mais il réalise qu'il ne possède pas suffisamment de talent pour en faire un métier. En revanche, il enseignerait bien l'art dramatique, comme James. Mais, par-dessus tout, il s'imagine partir n'importe où au bras de Grace !

Dès qu'il met les pieds dans le petit théâtre où James Orlin réunit ses élèves, il regarde si Grace est présente. Il ne manque jamais une occasion de lui dire bonjour. Souvent, la demoiselle lui répond, mais de manière automatique, comme elle le fait pour n'importe qui d'autre. Ne se décourageant pas, Michael Gawein multiplie les petits gestes afin d'être agréable à Grace.

Un jour, elle l'a remarqué… parce qu'il avait été choisi par James pour lui donner la réplique. Michael était aux anges et a cru que Grace allait enfin comprendre qu'il était fou d'elle. D'autant que, dans son texte, il devait lui déclarer sa flamme ! Idéal !

Malheureusement, une fois sortie de son rôle, Grace reprenait ses distances avec chacun. Il reste que, désormais, elle savait qui était Michael. C'était déjà ça de gagné pour lui, même si ce type de rapport ne le satisfaisait pas.

Plutôt réservé, Michael voudrait se forcer à proposer un rendez-vous à la belle. Mais il n'y parvenait pas, sans doute parce qu'il craignait un refus, dans le meilleur des cas poli, dans le pire, accompagné d'un sourire narquois. Il faut préciser que Grace pouvait paraître hautaine. "Méprisante", soulignaient même ceux et celles qui ne l'aimaient pas. Parmi eux, on comptait Kristie Otward. C'est la deuxième personne que Grace n'aurait pas dû ignorer.

Kristie a vingt-deux ans, est brune aux yeux verts, un peu ronde et, avant l'arrivée à l'école de Grace, elle était la préférée de James. Celui-ci avait nettement marqué le faible qu'il éprouvait à son égard. Il lui avait promis de l'aider à travailler en la recommandant et, un soir, il lui avait même fait comprendre qu'il n'était pas insensible à son physique avantageux.

Étant donné les nombreuses années qui les séparaient, Kristie avait trouvé la démarche plutôt audacieuse et s'en était étonnée. Mais, par la suite, elle en avait joué parce que, dans le fond, elle n'avait nullement l'intention de devenir la maîtresse d'un homme qui aurait pu être son père, voire son grand-père, même si l'allure de James n'évoquait nullement celle d'un papy.

Elle avait compris que les décolletés vertigineux (pour l'époque, c'est-à-dire bien sages par rapport à ce qui s'arborerait plus tard) perturbaient quelque peu James et elle en abusait. Lors des dîners qu'elle lui octroyait sans jamais accepter d'aller plus loin, Kristie en profitait pour obtenir aux cours les travaux la mettant le mieux en valeur.

Ce manège tourna huit mois, exactement jusqu'à l'apparition de Grace. En peu de temps, il est vrai que James fut subjugué par les capacités de la nouvelle venue. En tomba-t-il amoureux ? Pas impossible, car, malgré ses soixante balais, James, toujours cœur d'artichaut, cherchait encore l'âme sœur et, accessoirement, courait après sa jeunesse pourtant à jamais perdue. Ce qui expliquait son goût pour les ravissantes créatures n'affichant pas encore la moindre ride...

Seulement voilà : Grace n'était pas Kristie et n'inspirait pas les mêmes comportements. Si la seconde pouvait se montrer aguicheuse, la première était glaciale et n'incitait pas les mecs à la moindre familiarité. Au fond, James était bluffé par cette gamine sûre d'elle qui devait penser que tout lui était dû. Ni son père ni sa mère ne l'avaient détrompée à ce sujet. Enfant unique, elle avait été plus que gâtée dès la naissance et, jusqu'alors, quand elle avait voulu quelque chose, personne ne lui avait opposé la moindre résistance. Kristie Otward allait être la première.

Rejetée par James qui, de toute façon, semble s'être lassé de faire la cour à une gamine se cantonnant à être une allumeuse, elle ne supporte plus d'avoir été en quelque sorte évincée par Grace. D'autant qu'elle juge ses prestations scéniques plutôt médiocres.

— Elle récite tout de la même manière ! C'est vrai que, lorsqu'elle arrive, on ne voit qu'elle. Mais dès qu'elle ouvre la bouche, le charme est rompu !

Son avis étant peu partagé, et surtout pas par James qui, un jour, l'a remise à sa place à ce propos, Kristie, fille jalouse et excessive, décide d'employer les grands moyens.

Les jeunes gens se retrouvant fréquemment au foyer de l'établissement pour boire un verre, Kristie a remarqué que Grace ne commande que de l'eau. Le 19 mars 1954, prétextant une migraine tenace, Kristie abrège le cours et annonce :

— Je vais vous attendre au bar. Je commande déjà !

Elle note les desiderata de chacun et de chacune. Et s'installe à la grande table où la petite bande a l'habitude de se réunir.

Le garçon dépose le plateau rempli, dispose verres et bouteilles puis s'éloigne. C'est alors que Kristie sort de son sac un petit bidon dont elle verse le contenu dans l'un des verres, celui destiné à Grace dont elle a avalé l'eau.

Un peu plus tard, la classe se rue vers l'endroit où Kristie attend. Elle s'apprête à se désaltérer. Juste au moment où Grace va tremper ses lèvres dans un breuvage ressemblant vraiment à l'eau, une main lui empoigne le bras et lui ordonne :

— Pose ça tout de suite !

Grace se retourne et fixe Michael d'un air très contrarié.

— Mais qu'est-ce qui te prend ? interroge Grace, agacée.

— Avant que tu ne goûtes à cette boisson étrange, je voudrais que Kristie nous explique quelle est sa composition...

L'autre bafouille :

— Que... Quelle composition ? Celle de quoi ? De l'eau ? Je... Je ne la connais pas ! Ton jeu est idiot !

Michael garde son calme.

— Pas tant que ça ! Tu devrais nous montrer le flacon se trouvant dans ton sac. Il reste peut-être quelques gouttes du produit que tu voulais faire ingurgiter à Grace...

Kristie éclate de rire, puis monte sur ses grands chevaux, proteste, interdit à qui que ce soit de fouiller ses affaires. Mais, au bout de longues minutes, par une maîtrise de lui-même dont il est le premier surpris, Michael convainquit l'assemblée qu'il se passait quelque chose de louche.

Kristie continue à crâner un peu. Pourtant, comme elle refuse catégoriquement d'absorber ce qu'elle a juré être l'eau minérale prévue pour Grace, elle se sent prise à son propre piège. Et quand Michael (qui a expliqué avoir surpris les gestes de Kristie en se rendant aux toilettes) menace d'appeler la police, la redoutable brunette craque et avoue l'incroyable machination qu'elle a mise au point.

Ce qu'elle a substitué à l'eau est un poison lent (volé dans la pharmacie tenue par son père) s'attaquant lentement mais sûrement à l'organisme. Une fois qu'on l'a consommé, on a toutes les malchances d'en mourir. Et si, par miracle, on en réchappe, on doit se tordre de douleur le restant de ses jours !

Grace est blême.

— Tu voulais me tuer ? articule-t-elle, incrédule.

En entendant ce mot, peut-être Kristie réalise-t-elle enfin qu'elle a nourri un réel projet criminel et non pas une stupide vengeance inoffensive de gamine, car elle éclate en sanglots en hurlant :

— Non, non ! Jamais !

Puis :

— Pardon, Grace, pardon !

Effrayés par le sinistre spectacle auquel ils viennent d'assister, les jeunes s'éclipsent l'un après l'autre, laissant Grace juge des suites à donner à cette affaire.

— Je vais rentrer, annonce-t-elle. Nous en reparlerons plus tard...

Puis, soudain, tombant nez à nez avec Michael, elle comprend seulement à cet instant qu'elle lui doit la vie. C'est alors que la tension nerveuse étant trop forte à gérer, Grace s'écroule dans les bras du garçon à qui elle murmure :

— Merci... Je n'oublierai jamais...

La soirée n'était donc pas mauvaise pour tout le monde !

Le lendemain, Grace fit savoir à Kristie qu'elle ne porterait pas plainte contre elle, mais qu'elle exigeait son retrait de l'école de James Orlin. Quant à Michael, elle l'invita à la maison familiale afin que ses parents puissent serrer la main de son sauveur. En voulant provoquer le malheur, Kristie allait peut-être se trouver à l'origine d'un futur grand bonheur...

Vases communicants

Août 1993. Léon Zitrone effectue son dernier commentaire en Eurovision. Il enterre le roi Baudouin de Belgique. Mais dès son arrivée à Bruxelles, Big Léon est agacé. Certains journaux belges l'opposent à ses rivaux de TF1, se demandant pourquoi France 2 est allée rechercher pareil vétéran. Pour ne rien arranger, Zitrone n'a pas accès à un studio pour travailler en direct, mais à ce qu'il a nommé "un petit réduit d'à peine un mètre de large" installé face à la cathédrale Saints-Michel-et-Gudule où a lieu l'événement.

La chaleur est étouffante et Léon a sans cesse besoin de boire beaucoup d'eau et... d'uriner. Ce qu'il est obligé de faire dans une bouteille en plastique !

À côté de lui, un prêtre est forcé de lui souffler quelques informations sur le rite catholique que l'ex-présentateur du journal maîtrise mal. Cette succession de contrariétés explique peut-être les deux grosses gaffes de Léon Zitrone. Qui confondit un choral de Bach avec la *Brabançonne*, l'hymne national belge. Puis la basilique de Koekelberg avec le Cinquantenaire, ce qui équivaut à prendre Notre-Dame de Paris pour l'Arc de Triomphe...

Les fleurs ont soif

Il fait particulièrement chaud ce 7 juillet 1979 dans la région de Soissons et Jean-Marc Barrault a du mal à supporter le moindre textile.

À peine après 17 heures, ce quadragénaire plutôt sportif, marié, père de deux enfants et agent d'assurances de profession, décide de rentrer chez lui à la recherche d'un peu de fraîcheur. Depuis hier, Jean-Marc est seul. Muriel, sa femme, est déjà partie sur la Côte d'Azur avec Pierre et Francis, respectivement quatorze et seize ans. Il est convenu que Jean-Marc les rejoindra quatre jours plus tard.

Ce 7 juillet 1979, après un ultime rendez-vous, Barrault gare sa voiture dans le garage commun de l'immeuble où il habite. Il appuie sur le bouton de l'ascenseur et monte jusqu'au troisième étage (le bâtiment en compte cinq).

Chez lui, Jean-Marc se déshabille et prend une douche fraîche. Lorsqu'il sort de la salle de bain, il se sent déjà mieux. Un peu las, il s'affale dans le canapé. De là, ayant une vue complète de la terrasse, il aperçoit les fleurs qui, dans leurs bacs ou leurs pots, sont en train de dépérir. Si elles ne reçoivent pas rapidement un peu d'eau, elles risquent fort de ne pas passer la semaine.

Jean-Marc se dit donc qu'il faudrait agir. Un rien somnolent, il fournit de gros efforts afin de ne pas s'endormir, parvient enfin à se lever et se traîne jusqu'au placard où il range l'arrosoir. Il se dirige ensuite vers la cuisine, remplit l'ustensile puis a un léger mouvement de recul.

C'est que, depuis son passage sous la douche, Jean-Marc est toujours nu. Mais comme il n'a pas de vis-à-vis, que sa terrasse est un peu en retrait et que, de toute façon, Barrault n'a pas l'intention de s'y attarder, il s'y aventure sans enfiler de vêtement.

Il a à peine posé les deux pieds à l'extérieur qu'un bruit très sec le fait sursauter. Poussée par un courant d'air (peut-être le premier de la journée!), la porte s'est refermée! Jean-Marc se retourne, tente d'entrer. En vain. Car, visiblement, dans un mouvement brusque, de l'intérieur, la sûreté s'est enclenchée!

Barrault se met à suer à grosses gouttes sans que la chaleur y fût pour quelque chose.

— Comment vais-je m'en sortir? s'interroge-t-il sans trouver de solution.

Dans le plus simple appareil, debout, un arrosoir rouge vif en plastique servant à cacher la partie la plus intime de son anatomie, Barrault se met à crier:

— Au secours! Aidez-moi!

Mais personne ne répond. En revanche, il a attiré l'attention d'une dame d'un âge certain qui, sur le trottoir d'en face, se balade en compagnie d'un gamin d'environ huit ans, et qui, voyant le spectacle, se met à hurler:

— Monsieur, c'est une honte de se présenter ainsi devant un enfant!

Agacé par la remarque, Jean-Marc riposte:

— Vous croyez peut-être que je m'amuse?

L'autre ne veut rien entendre.

— Vous êtes un exhibitionniste!

— Et vous une vieille conne!

— Et grossier avec ça !

Les invectives attirent les badauds. L'un d'eux, un type assez gras d'environ cinquante ans, prend parti.

— Madame a raison ! Il y a des plages pour les dépravés de votre espèce !

Barrault est fou de rage.

— Avec le physique que vous vous payez, on ne risque pas de vous y admettre !

Offusqué, le monsieur très enveloppé crie :

— Je monterais bien jusque chez vous pour vous casser la gueule !

— Je t'attends, gros plein de soupe ! Tu redescendras encore plus vite !

Un troisième, qui promenait son chien, en rajoute :

— Moi, je crois vous êtes un grand malade !

Excédé, Jean-Marie jette en leur direction l'eau qu'il n'a pas eu la possibilité de distribuer à ses fleurs, mais, évidemment, en soulevant l'arrosoir au-dessus du balcon, il se découvre plus encore. Du coup, le trio se met à siffler.

— Il faut prévenir les flics ! lance le plus volumineux.

— Ou l'ambulance pour qu'on l'interne tout de suite ! surenchérit le type au clébard.

— Moi, je trouve que ce serait mieux de l'aider, tranche une voix grave et puissante.

C'est celle de José Martin, le voisin du dessus.

— Vous avez des soucis, M. Barrault ?

En deux mots, Jean-Marc lui résume la situation.

— Ne vous inquiétez pas ! Je téléphone à un serrurier qui va venir vous délivrer !

Puis, à l'intention des curieux :

— Et vous, en bas, dégagez ! Sinon, je m'occupe de vous !

Il faut dire que José Martin doit mesurer un mètre quatre-vingt-dix, qu'il arbore la carrure d'une armoire à glace et une mine patibulaire ne donnant pas envie de le contrarier.

D'ailleurs, même si c'est à regret, les autres s'éloignent tout en continuant à médire entre eux, mais à voix basse.

— À mon avis, tranche la grand-mère, c'est tout l'immeuble qui est mal famé. Il doit se passer de drôles de choses là-dedans...

Jean-Marc Barrault attendit encore deux bonnes heures avant de faire la connaissance de Gaston, un sympathique serrurier à qui il n'eut pas, comme premier réflexe, de vouloir serrer la main...

Ensuite, il alla remercier José Martin qui lui offrit une bière et ne voulut rien comprendre à l'histoire des plantes à arroser.

— Pour moi, il n'y a aucun mal à se mettre à poil ! D'ailleurs, avec ma femme, dès qu'on le peut, dans la nature ou sur la plage, on ne se gêne pas ! Vous nous avez donné une idée ! On va peut-être essayer ça ici...

La goutte qui fait déborder le verre

Durant l'été 2006, un Américain – prénommons-le Larry – passe la soirée dans un bar de Floride en compagnie de son épouse et de quelques amis. La petite bande est arrivée dans une seule voiture conduite par Larry qui a décidé de rester sobre et de ne boire que de l'eau. Tout le monde s'amuse bien, quand le patron de l'établissement s'en prend à Larry.

— Je vous demande de sortir !

— Moi ? Mais pourquoi ?

— J'en ai marre de ne vous servir que de la flotte ! Moi, je ne gagne pas ma vie avec des mecs comme vous !

— Mais ma femme et mes copains, eux, consomment de l'alcool !

— C'est de vous dont je parle !

— Moi, je conduis !

— M'en fous ! Dehors !

L'histoire s'est mal terminée. Le boss s'est énervé, a empoigné Larry et des coups sont partis. L'affaire, dont la justice eut à se mêler, a fait grand bruit. Au point qu'un parlementaire de l'État de Floride a déposé une proposition de loi protégeant les amateurs d'eau dans les bars...

ÉCLAIR AU CHOCOLAT

Un sacré pétrin

Clément Martinot a toujours été gourmand. Et cela se voit. À vingt-deux ans, il pèse quatre-vingt-cinq kilos pour un mètre soixante-neuf. Son péché mignon : les sucreries. L'un de ses plaisirs consiste à entrer dans une pâtisserie et à s'offrir un assortiment de ses petits gâteaux préférés. Et souvent, il se dit que s'il avait davantage de moyens financiers, il sombrerait encore plus dans le vice !

Clément Martinot, modeste employé municipal dans le Nord de la France, a également un faible pour les jolies filles qu'il a parfois des difficultés à draguer.

Un jour de 1978, Clément pénètre dans une boulangerie et éprouve un véritable coup de foudre pour la demoiselle qui le sert. Cheveux bruns, yeux verts rieurs, de taille moyenne et affichant quelques rondeurs qui, dans son commerce, sont plutôt de nature à rassurer la clientèle, Viviane doit avoir le même âge que Clément pour qui elle vient d'emballer deux éclairs au chocolat.

Le garçon les déguste chez lui et décrète qu'il n'en avait jamais mangé d'aussi bons ! Mais comme il pense beaucoup à Viviane, il est possible que son objectivité puisse être prise en défaut...

Le lendemain, il retourne au même endroit et commande deux éclairs au chocolat. Bon vivant et cherchant à être drôle, Clément lance :

— Ils sont bien nommés, ces éclairs : ils sont trop vite partis !

Viviane sourit et rend la monnaie à Clément.

— Je pense bien que je reviendrai demain...

La demoiselle répond poliment :

— Nous avons des éclairs en permanence...

Et, effectivement, le lendemain et tous les jours de la semaine qui suit, Clément se rend à la pâtisserie. Souhaitant passer le plus de temps possible en compagnie de Viviane, il s'arrange pour entrer dans le magasin lorsqu'il est vide et espère que personne ne le suive trop rapidement.

Viviane semble timide, mais elle a l'air d'apprécier la visite quotidienne de Clément. Elle ne dit pourtant pas grand-chose.

Il est vrai que Clément parle pour deux.

Puis, voyant que l'achat de ses éclairs ne suffit pas, Clément pense qu'il lui faut épater sa belle d'une autre manière. Il est justement en train d'apprendre à conduire. Et il se dit qu'il emprunterait bien discrètement la voiture de ses parents afin d'aller faire un tour à proximité de la pâtisserie !

Le 22 février 1996, vers 17 heures, Clément subtilise les clefs du véhicule de sa maman et disparaît... Il ne maîtrise pas encore la conduite et, à trois reprises, il évite l'accident de justesse. Plutôt que de se garer et de rentrer sagement à pied, il persévère. Il s'engage dans une rue très inclinée. C'est en bas de celle-ci, au milieu d'une chaussée perpendiculaire, que la pâtisserie de Viviane se situe. Clément s'y lance, mais, malheureusement, il n'a pas encore bien appris à opérer le distinguo entre le frein et l'accélérateur. Tout va aller vite, trop vite. Clément ne parvient plus à arrêter le bolide qui termine sa course... dans la vitrine où sont notamment entreposés les succulents éclairs au chocolat !

Clément s'en sortit avec des blessures légères et, heureusement, sans faire de victime. Les dégâts matériels, eux, furent considérables. Obsédé par la boulangerie et sa jolie vendeuse, Clément s'était mis dans un sacré pétrin... Pour rien, car il ne revit jamais Viviane. Et fut sans doute dégoûté pour un moment des éclairs au chocolat...

ENDIVES

Witloof : trop difficile à Paris !

C'est à M. Béziers, jardinier-chef de la Société d'Horticulture belge, que l'on doit l'invention d'une chicorée baptisée "witloof" (feuille blanche en néerlandais). Par la suite, dans la partie francophone du pays, mais également dans le Nord de la France, elle sera baptisée "chicon".

Dans les années 1880, les premiers cageots arrivèrent de Belgique aux Halles de Paris sous la dénomination "witloof". Le crieur, ne sachant pas comment prononcer le mot, improvisa et annonça : "Des endives de Bruxelles !"

L'endive était née.

ÉPINARDS

Un divorce qui reste sur l'estomac

Tony Jones n'a jamais été un comique. D'ailleurs, au bureau de poste londonien où il travaille, il arrive à ses collègues de dire que, depuis vingt ans, ils ne l'ont pas vu sourire une seule fois. Vingt ans de poste, mais également vingt ans de mariage !

Et à la maison, Tony ne se déride pas davantage. Il a épousé Elizabeth, d'abord parce que ses parents le lui avaient fortement conseillé ; ensuite, quand même, parce qu'elle lui plaisait bien. Personne n'a forcé la main de Tony qu'il a tendue de bon cœur à la jeune femme lorsqu'elle a voulu lui passer l'anneau au doigt. Mais a-t-il été réellement amoureux d'Elizabeth ?

Difficile de se prononcer, car Tony est du genre taciturne. Il ne montre guère ses sentiments. Quand il rentre du boulot, il s'installe dans un fauteuil, toujours le même, le noir au cuir un peu usé, juste face à la télévision. Il bourre sa pipe, l'allume et ouvre le journal qu'il a acheté sur le chemin du retour.

Il est à ce moment-là aux alentours de 18 heures et, dans la cuisine, Elizabeth s'active à la préparation du repas du soir. Les Jones n'ont pas d'enfant parce que Tony a toujours estimé que "ça fait trop de bruit". Une ou plusieurs têtes blondes pourraient perturber, voire empêcher, la lecture quotidienne de la gazette ! Une perspective que Tony ne peut évidemment pas envisager !

Et puis, après le dîner, il faut les mettre au lit, les mioches, y compris lorsqu'ils ne veulent pas ! Il est parfois indispensable d'élever la voix, de menacer, de punir. Quel potentiel d'ennuis une progéniture ne représente-t-elle pas !

Tony Jones, lui, ne conçoit pas l'existence sous cet angle-là. Une fois qu'il a fini de se nourrir, il se lève, retourne d'où il vient – le fauteuil noir au cuir un peu usé – et, avant de s'y asseoir, pousse sur le bouton qui allume le petit écran.

Le temps qu'Elizabeth ait fini de desservir, laver et ranger, elle le rejoint, mais a presque systématiquement loupé le début du programme que Tony a sélectionné.

Pour le gosse, Liz n'aurait peut-être pas dit non si Tony en avait voulu. En revanche, pour le coup de main à la vaisselle, elle a souvent demandé, insisté même. En vain.

Une seule fois, Tony a consenti à lui répondre :

— Ma mère m'emmerdait déjà avec ça ! Tu ne vas pas t'y mettre à ton tour !

Et, dans son esprit, la question fut définitivement classée. Jones fonctionnait comme ça : ayant horreur de se répéter, il parlait peu.

Il le prouva de façon éclatante le 7 mars 1984. Ce jour-là aurait pu être banal si Elizabeth n'avait eu l'idée de prévoir à table des épinards ! Lorsque Tony aperçut la casserole sur le réchaud, il ne fit ni une, ni deux. Il se leva et hurla :

— Cette fois, c'en est trop ! Je demande le divorce !

Moins de cinq minutes plus tard, après avoir jeté quelques effets dans une valise, il claquait la porte de l'appartement. D'abord par un coup de téléphone courroucé, ensuite par la voix de son avocat, il confirma à son épouse qu'il la quittait.

— À trois reprises déjà, en deux ans, je t'ai signalé que j'avais horreur des épinards. Ça me dégoûte, les épinards ! Dès que je les vois, j'ai envie de dégobiller ! J'ai été patient, très patient, trop patient ! Ou tu ne comprends rien, ou tu veux me provoquer ! La justice tranchera, mais, moi, je m'en vais !

Et, quelques mois plus tard, à Londres, le plus sérieusement du monde, un président de tribunal entérina la séparation définitive des époux Jones pour désaccord profond et irréparable autour d'un plat d'épinards...

ÉPLUCHURES

Une poubelle pour *La cage aux folles*

Il fait très doux, ce soir de printemps 1973. Jean Poiret et Caroline Cellier dînent en compagnie d'amis à la terrasse d'un restaurant sur un quai de Seine. La conversation est gaie et paisible. Brusquement, quelques personnes surgissent et renversent sur la table une énorme poubelle remplie d'épluchures de toutes sortes avant de prendre la fuite !

Le sang de Jean Poiret ne fait qu'un tour. Le comédien court vers sa voiture. Caroline Cellier, son épouse, le suit et monte également dans le véhicule. Poiret a repéré les fuyards qui gagnent les berges du fleuve. Il veut une explication, car le geste des agresseurs est trop facile et trop lâche aussi.

Poiret sait en tout cas pourquoi ce "gang des épluchures ménagères" s'en est pris à lui. C'est sa dernière pièce qui, dans certains milieux, ne passe pas. Son œuvre s'intitule *La cage aux folles* et est jouée depuis le 1er février au Théâtre du Palais Royal. Dans une mise en scène de Pierre Mondy, Jean Poiret et Michel Serrault, qui se retrouvent après plusieurs mois de séparation professionnelle, incarnent des homosexuels.

Le but de Poiret auteur : montrer qu'un couple comme celui-là rencontre les mêmes problèmes que les autres.

Ce soir-là, en roulant à très vive allure, et même à contresens, sur les bords de la Seine, Poiret éructe. En fait, il est blessé qu'on se méprenne sur ses intentions. Et s'il veut rattraper les inconnus qui lui ont gâché son repas, ce n'est pas pour leur casser la figure. Poiret veut parler, s'expliquer, convaincre. Il n'y parviendra pas : dans les petites rues, ses assaillants lui échapperont.

Jean Poiret sait que de nombreux homosexuels ressentent le propos de sa comédie comme une atteinte à leur condition et il en est attristé. Car il n'a jamais voulu se moquer d'eux, au contraire !

1976. Trois ans se sont passés depuis la création de *La cage aux folles* et le succès ne se dément pas. La société a évolué, libérant, relativement, les mœurs. À Paris, où la pièce est toujours à l'affiche, on vient la voir en famille. De nombreux pays en acquièrent les droits et l'adaptent. Poiret constate que le sujet amuse, à condition de s'entendre sur les mots.

— Folles, tatas, dit-il, ça fait rire. Pédéraste, ça glace. Cela crée une espèce de silence dans la salle.

Mais, à aucun moment, Poiret n'a dérapé. Même pas sur les épluchures qu'un soir des protestataires avaient envoyées à une grosse légume du spectacle...

ÉPONGE

À consommer avec modération...

Comme chaque matin, il est 9 heures quand Marie Lahri franchit le seuil de la grande brasserie d'Helsinki qui l'emploie. Âgée de 48 ans, Marie est une petite dame discrète. Elle fait son boulot de femme de ménage et parle peu. Ses collègues la trouvent sympathique, mais sa réserve naturelle ne donne pas nécessairement envie d'engager de longues conversations avec elle. On sait simplement qu'elle est divorcée, sans enfant et qu'elle vit seule dans un modeste appartement de la ville.

Ce 2 décembre 1971, Marie Lahri empoigne énergiquement un seau en plastique et un balai éponge qui ne vont quasiment pas la quitter de la journée. L'établissement est vaste et, à l'arrière, compte plusieurs bureaux et locaux. Il est quasiment 16h45 lorsqu'au deuxième étage, Marie emprunte l'un des deux ascenseurs de la maison.

Elle a rempli le seau et s'apprête à se rendre au rez-de-chaussée afin de laver le sol derrière le bar. C'est alors que, subitement, une panne d'électricité se déclare. Et que Marie se retrouve bloquée entre deux étages. Elle ne réalise pas tout de suite ce qui se passe, mais comme la situation s'éternise, Marie tape sur la porte. Puis se met à crier.

— Au secours ! Je suis enfermée !

Les minutes et les heures passent. Régulièrement, Marie donne de la voix.

— À l'aide ! Je veux sortir !

En vain. Marie s'inquiète et a froid. Elle s'assied dans un coin et finit par s'endormir. Il est 23h20.

Le bâtiment est équipé de deux ascenseurs situés dans la partie arrière et assez peu fréquentés. Résultat : le 3 décembre, personne ne se rend compte que l'un d'eux est hors d'usage. Un employé le remarque le lendemain vers 11h30. Il pense le signaler, puis il oublie.

Le 5 décembre, le responsable de l'entretien du matériel constate la panne. Mais omet d'avertir les ouvriers spécialisés. Le 6 décembre, constatant la situation et s'en agaçant, le patron prend la situation en main.

Les techniciens arrivent, ouvrent la cabine et, stupéfaits, découvrent une femme recroquevillée, dans un état d'extrême faiblesse, à moitié inconsciente, qui articule péniblement :

- Je crois que je vais mourir...

Heureusement, Marie Lahri va être sauvée. Et, un peu plus tard, elle pourra raconter son incroyable histoire. Elle est restée prisonnière pendant quatre jours et quatre nuits dans l'indifférence générale. Elle n'a dû son salut qu'à son éponge qu'elle a mangée par petits morceaux et à l'eau qu'elle a consommée lentement, consciente dès le début de son cauchemar qu'il s'agissait peut-être là d'un véritable trésor qu'il convenait de ne pas dilapider...

À propos de l'éponge, elle eut ces mots :

— Ce n'est pas franchement bon, mais assez nourrissant. En tout cas, par moments, elle m'a permis d'oublier un peu que j'avais faim...

F

FOURCHETTE

La chasse à la mouche

Lors de l'été 2003, une Israélienne qui fait tranquillement son ménage remarque une mouche volant assez près d'elle. À un moment, la malheureuse ouvre la bouche et l'insecte en profite pour s'y engouffrer ! L'intruse doit s'y plaire, car, toujours vivante, elle descend dans la gorge !

Par instants, l'effrontée remonte un peu tant et si bien que la dame, quelque peu perturbée, a l'idée – saugrenue – de prendre une fourchette en espérant la chasser !

Résultat : elle se plante l'ustensile de cuisine dans la gorge et hurle à ce point qu'un voisin accourt avant d'appeler une ambulance. Opérée d'urgence, cette femme qui avait pris la mouche (morte et ingérée entre-temps) put être sauvée. L'histoire ne dit pas si la patiente rentra chez elle avec la fourchette qui, en cas de nouvelle visite intempestive, pourrait à nouveau servir...

FRAISE

Frézier n'est pas fraisier !

Dans l'Antiquité déjà, on consommait la fraise et, à Rome, les femmes s'en servaient pour confectionner des masques de beauté. La fraise était alors relativement petite.

Le fruit plus gros débarqua en France au début du XVIIIe siècle grâce à un officier de marine s'appelant – coïncidence – Frézier !

FRUITS

Pas touche à ma corbeille !

Adolphe Thiers, qui fut le plus petit des présidents de la République (il mesurait 1,54 m), avait épousé la fille d'un marchand de parapluies. Celle-ci manquait cruellement d'éducation. Un jour que le couple recevait à déjeuner la princesse Troubetskoï et que celle-ci mettait la main sur les fruits d'une corbeille, Mme la Présidente l'arrêta net : "Ah non ! Ceux-là sont pour nous ce soir !"

FRUIT DE LA PASSION

Pas celle qu'on croit !

En en dégustant un, vous avez peut-être cru que ce fruit délicieux rappelait la passion amoureuse. Si c'est le cas, détrompez-vous ! La passion qu'elle évoque est celle du Christ !

L'histoire est née dans la tête de quelques jésuites évangélisant les Indiens d'Amérique centrale. Ils découvrirent ce joli fruit et virent dans sa forme, sa fleur, ses pétales, ses étamines et son pistil des symboles de cet épisode tragique de la vie de Jésus puisqu'il précède sa mort...

G

GÂTEAUX

Un petit chef timbré

Esther Warmund possède des circonstances atténuantes. Lorsqu'elle était enfant, Suzanne, sa marraine, pâtissière de profession plutôt douée, la gavait de petits gâteaux en tout genre. À telle enseigne que la dame jurait :

— Cette gamine aime tellement ça que, plus tard, elle prendra la relève !

Malheureusement, Suzanne se trompait, car on peut penser qu'Esther aurait pu être heureuse dans une boulangerie. Les hasards de la vie en décidèrent autrement. Esther était devenue fonctionnaire. En revanche, son goût pour les gâteaux ne l'avait jamais quittée. Sa marraine ayant pris sa retraite, elle avait bien été forcée de se fournir ailleurs. Ce qui lui coûta un peu plus cher...

Moyennant quoi, au fil des années, Esther Warmund a affiché quelques kilos de trop, avant d'être "bien portante", puis franchement obèse. Frederik, son mari, ne s'est jamais plaint. Il faut dire qu'il est, lui aussi, en surcharge pondérale et que – hélas ! – les deux enfants qu'il a donnés à Esther offrent les mêmes caractéristiques morphologiques.

En 1994, Esther Warmund, âgée de quarante-quatre ans, travaille dans un bureau de poste de la région de La Haye, aux Pays-Bas. L'essentiel de son job consiste à servir les clients derrière un guichet pour de petites opérations : achat de timbres, envoi de courrier, fourniture de formulaires, etc.

Pour Esther, il s'agit d'un gagne-pain, car elle ne s'épanouit pas particulièrement dans le cadre de sa fonction. Dès qu'une pause lui est autorisée, heureusement qu'elle peut plonger sur l'un de ces petits gâteaux qu'elle transporte toujours avec elle dans une grande boîte en fer-blanc !

Lorsque certains de ses collègues se permettent des remarques, la plupart du temps bien intentionnées, sur sa consommation effrénée de sucreries, Esther a souvent le même type de réponse :

— Ça me remonte le moral !

Et tant pis si l'aiguille de la balance sur laquelle Esther se hasarde de temps à autre s'affole !

Depuis six mois, Esther Warmund a changé de chef. Le précédent est parti à la retraite, et le nouveau, Karel Adam, tout juste quarante ans, ne rate pas une occasion de montrer qu'il dirige.

Pas sympa pour deux sous, le matin, Karel Adam salue à peine ses camarades et, dès qu'il le peut, il les abreuve de remarques désagréables.

Il s'est choisi une tête de Turc en la personne d'Esther. Maigre comme un clou, il ne supporte visiblement pas les gros. Ni les grosses. Et avec son embonpoint sans cesse en augmentation, Esther est évidemment une cible de choix. Karel lui lance régulièrement des piques. Un jour que la malheureuse a failli tomber de sa chaise de bureau, il s'est montré particulièrement goujat en proposant :

— Si vous voulez, dès demain, vous pouvez en prendre deux !

Esther Warmund commençait à juger que le comportement de Karel Adam à son égard relevait du harcèlement moral quand, un matin, à son domicile, elle reçut en recommandé... son préavis !

Sur base d'un rapport établi par le sieur Adam, la direction avait estimé que l'image de l'établissement était ternie par le poids vraiment trop abondant de Mme Warmund ! Il n'était pas bon qu'une dame avoisinant les cent kilos fût chargée de recevoir les usagers. De ce fait, elle allait être remplacée par une personne "sensiblement plus agréable à regarder" !

Esther Warmund fut évidemment outrée par cette mise à la porte. Une fois remise de ses émotions – qu'elle dut sûrement soigner à doses substantielles de petits gâteaux –, elle porta l'affaire devant la justice. Qui lui donna raison. La poste n'est habilitée qu'à s'occuper du poids des plis et des colis. Pas de celui des employées, même enveloppées...

GIGOT

Pas de monsieur à la maison !

Juillet 1991, quelque part dans la partie francophone de la Belgique... Charlotte et Laurent Juvennat ne cessent de se quereller. Tout est prétexte à dispute. Cela doit faire sept mois que le couple ne se parle plus normalement. Charlotte et Laurent échangent des mots ou des bouts de phrases en hurlant, ou alors en les jetant sur des feuilles de papier.

Bref, avant la fin de l'été, les Juvennat prennent la décision qui semble s'imposer : la séparation. Malheureusement, il y a entre eux des enfants, Julia (six ans) et Aurélien (quatre ans), qui ne comprennent pas pourquoi les deux êtres qu'ils chérissent le plus au monde s'invectivent à longueur de journée.

Pour eux, le choc est dur à encaisser. En quelques jours, ils doivent s'habituer à une situation nouvelle qu'ils n'ont nullement souhaitée. Désormais, ils ne verront quasiment plus jamais leurs parents ensemble. Un peu plus tard, le divorce des ex-époux est officialisé. Charlotte obtient la garde des gosses la semaine ; Laurent, le week-end.

Charlotte, redevenue Moulet, reçoit en outre une pension alimentaire avec laquelle elle a parfois du mal à joindre les deux bouts. Lorsqu'elle a mis au monde Julia, elle a en effet renoncé à son travail de représentante de commerce, incompatible selon elle avec une vie de famille comme elle entendait la mener. Aujourd'hui, plus que jamais, ce boulot-là ne serait pas conciliable avec l'éducation, assumée seule, de deux têtes blondes.

Assez douée pour la vente, Charlotte cherche des pistes pouvant déboucher sur une rentrée financière supplémentaire. Parallèlement, à trente-quatre ans, elle ne souhaite nullement rester sur un échec sentimental et, assez vite, elle rencontre Sébastien à qui elle trouve un charme fou.

Charlotte a surtout besoin de se rassurer et, dans les bras de

Sébastien, elle y parvient. Oui, elle peut encore séduire! Si le jeune homme plaît beaucoup à Charlotte, il n'en va pas de même avec les enfants. Au fil des semaines, Julia et Aurélien manifestent de plus en plus d'hostilité à l'égard de celui qu'ils considèrent comme un intrus. Il n'est évidemment pas exclu que, malgré la longue discussion qu'ils ont eue avec leur maman, les petits considèrent que le monsieur qu'ils voient si souvent vienne piquer la place à leurs yeux toujours dévolue à leur père. Résultat: après cinq mois, Charlotte met fin à sa relation avec Sébastien.

Moins de quatre semaines s'écoulent quand Julia et Aurélien apprennent qu'un autre monsieur va venir déjeuner à la maison. Leur maman prévient.

— Je préfère que vous ne mangiez pas avec nous. Florence (la voisine-copine) est d'accord pour vous garder...

Ce jour-là, à 12h30 précises, un élégant quadragénaire sonne chez Charlotte Moulet, qui lui propose de se diriger vers le salon où elle lui sert un apéritif.

Occupée par son hôte, Charlotte oublie de conduire Julia et Aurélien chez Florence. Vers 13 heures, elle prie l'inconnu de passer à table. Elle se rend dans la cuisine et pousse un petit cri. Le gigot, qu'elle avait déposé sur la table quelques minutes plus tôt, a disparu!

Agacée, elle réfléchit une poignée de secondes et en arrive rapidement à la conclusion que seuls les enfants ont pu s'en emparer. Elle escalade les escaliers quatre à quatre vers leurs chambres; ils n'y sont pas.

Elle les appelle; ils ne répondent pas. Charlotte file chez Florence, croyant que, d'eux-mêmes, Julia et Aurélien s'y sont rendus. Mauvaise piste !

Charlotte commence à s'inquiéter. Elle prie son invité de l'excuser en expliquant brièvement la situation. Ce qu'elle redoute le plus, c'est qu'ils soient sortis de la maison. Ils ne le font quasiment jamais, mais, finalement, Julia, gamine intrépide, aura très bien pu emmener son frère dans une excursion improvisée. Donc, Charlotte va jusqu'au bout de la rue, pose des questions, crie :

- Julia ! Aurélien !

En vain.

Une trentaine de minutes plus tard, Charlotte revient et pense que le seul endroit qu'elle n'ait pas fouillé, c'est le jardin. Le duo s'y cache pourtant. Dans la cabane construite au bout du terrain, Charlotte découvre un spectacle qui la rassure et la met en colère à la fois : Julia et Aurélien ont coupé le gigot n'importe comment, ont visiblement bien mangé et se pourlèchent encore les babines ! Sommés de s'expliquer, ils finissent par avouer.

— Nous, on ne veut plus d'un monsieur chez nous ! Alors, on a décidé de le priver de repas pour qu'il s'en aille !

Charlotte tombe des nues. Et s'en veut un peu de ne pas avoir précisé que son rendez-vous était strictement professionnel ! Julien Barbier, patron d'une agence immobilière, et connaissance de Charlotte, a du boulot à lui proposer...

Heureusement, Julien Barbier, par ailleurs marié et père de famille, avait de l'humour. Pas rancunier, il se passa du gigot, emmena la jeune femme à la pizzeria du coin et lui donna quand même du travail...

GLACE

Deux boules moka

Au volant de sa camionnette, Mario sifflote gaiement. Le temps est très beau ce 17 juillet 1965 ; donc, la recette s'annonce belle. Mario est glacier et, comme chaque matin, il se dirige vers l'emplacement qui lui est réservé juste à l'entrée de la plage.

Pour s'y rendre, Mario emprunte une petite route sinueuse en bordure de mer. Mario la connaît par cœur, mais, en conducteur avisé qu'il est, il demeure attentif. Et il a raison, car ce 17 juillet 1965, juste après l'avant-dernier virage du parcours, le plus dangereux parce que la visibilité y est quasi nulle, Mario n'a aucune possibilité de voir qu'une jeune femme s'est engagée sans regarder, ni à gauche, ni à droite. Il a deux secondes pour freiner, ce qu'il fait brutalement. Le crissement des pneus fait tressaillir l'imprudente qui prend peur et en perd l'équilibre. Heureusement, Mario est le seul automobiliste présent sur la route. Il bondit de son véhicule et demande à la demoiselle, qui se relève, si elle n'a rien de cassé.

— Non, non... Je suis désolée... Je ne suis pas dans mon état normal...

Puis elle éclate en sanglots.

Mario, quarante ans, bon vivant et grand cœur, éclate de rire.

— Une si jolie fille ne peut pas pleurer comme ça ! Je me gare et vous allez me raconter ce qui vous arrive...

Dans le bistrot le plus proche, Martine – ainsi se prénomme-t-elle – sèche ses larmes en buvant un café.

— Je me rends compte que n'importe quel autre automobiliste m'aurait sans doute tuée sur le coup...

— N'exagérez pas! reprend Mario. Mais vous avez eu de la chance, c'est vrai.

— Remarquez, il aurait peut-être mieux valu que vous m'écrasiez...

Martine Valendroy habite Le Mans et, trois jours plus tôt, elle a débarqué sur la Côte d'Azur en compagnie de Pierre, un garçon qu'elle fréquente depuis plus d'un an et qu'elle avait bien l'intention d'épouser un jour. Lui semblait moins pressé de parler d'avenir. Mais il avait quand même accepté de partager ses vacances avec Martine.

Rapidement, le climat entre eux s'était détérioré. Pierre se montrait agacé par des bêtises et ne cessait de s'exclamer:

— Si c'est ça la vie commune avec toi, je ferais mieux de rentrer chez moi tout de suite!

Et il avait fini par mettre sa menace à exécution. Un matin, il avait bouclé sa valise le plus calmement du monde.

— Finalement, c'était une excellente idée de venir ici ensemble. Nous aurons pu constater que nous ne sommes pas faits l'un pour l'autre. Sinon, nous nous serions peut-être embarqués dans des projets insensés...

Martine avait cru à une – mauvaise – plaisanterie et avait pensé que dix minutes, une demi-heure ou une heure plus tard, Pierre serait de retour. Elle ne l'avait jamais revu. Pis: elle avait réussi à le joindre quarante-huit heures plus tard au Mans et, d'un ton sec et détaché, Pierre lui avait confirmé qu'il rompait toute relation avec elle...

À aucun instant, il ne s'était soucié de son état et n'avait même pas songé à lui demander si elle comptait rester sur la Côte d'Azur et jusqu'à quelle date.

Martine n'en avait pas dormi de la nuit. Et ce 17 juillet 1965 au matin, comme un zombie, elle sortait de l'hôtel pour aller marcher le long de la mer quand Mario et sa camionnette avaient surgi.

— Si je comprends bien, c'est à cause de ce type que vous avez failli passer en dessous de mes roues ?

Mario ouvre de grands yeux un peu tristes, car les larmes se sont remises à couler sur les joues de Martine.

— Vous l'avez un peu oublié, mais la vie est drôlement belle ! C'est l'été, il y a plein soleil, vous êtes jeune, ravissante et plein de garçons rêvent de sortir avec vous !

Martine hausse les épaules, mais sourit quand même.

— Vous ne connaissez personne dans le coin ?

— Non...

— Faux ! Maintenant, il y a Mario ! Et je ne vous laisserai pas tomber ! Qu'est-ce que vous avez prévu pour aujourd'hui ?

— Rien...

— Ça, c'est vraiment le minimum... Vous allez vous balader un peu, puis vous viendrez me retrouver et je vous offrirai une glace, pas n'importe laquelle puisque c'est moi qui l'aurai fabriquée !

Deux heures plus tard, Martine est au rendez-vous.

— Alors, ça va mieux ?

— Un peu, oui... Je crois que votre bonne humeur m'a fait du bien.

— Et vous allez voir que ma glace va encore améliorer votre état. Que puis-je vous servir ?

— Euh... Qu'est-ce que je vais prendre ?... Moka ?

— Délicieuse, la glace moka ! Vous m'en direz des nouvelles ! Deux boules ? C'est parti !

Derrière ses lunettes solaires, la blonde et fine Martine observe le sympathique Mario autour de qui habitués et étrangers se pressent.

— Alors ? interroge-t-il.

— Un délice ! Vous aviez raison !

— La même chose ?

— Ce ne serait pas raisonnable !

— Pour le moral, il n'y a pas mieux !

— Évidemment, si c'est comme un médicament...

— Et un ordre du docteur !

Martine rit.

— Vous êtes nettement plus jolie comme ça...

— C'est grâce à vous !

— Non, à la glace moka !

Lorsque Martine insiste pour payer, Mario hausse le ton :

— Ceci est le règlement d'une dette : j'ai quand même failli vous renverser !

Martine n'insiste pas.

— Vous êtes gentil... Je vais aller me coucher maintenant. Je me sens très, très fatiguée...

— Vous reviendrez me voir ?

— Demain, promis!

Martine tient parole. Le lendemain, l'accueil est tout aussi chaleureux.

— Je pensais justement à vous! Comment allez-vous aujourd'hui?

— Ce n'est pas encore terrible... J'ai acheté un roman policier afin de me changer les idées...

— Ça ne suffira pas!

Martine est surprise.

— Ah bon?

— Non. C'est déjà pas mal, mais il vous faut aussi deux boules moka!

Mario en rajoute:

— Il s'agit d'une cure. Et vous n'êtes qu'au début...

Et ainsi, chaque jour, Martine retrouve Mario qui lui tend un cornet de glace moka. Un samedi soir, il invite sa nouvelle amie à une fête. Martine s'y amuse comme elle ne l'a plus fait depuis un certain temps.

Ils décident de se tutoyer.

— C'est la Providence qui t'a envoyé sur mon chemin! Sans toi, j'aurais peut-être fait une bêtise! Je crois que tu es mon ange gardien!

— Demain, il va falloir que tu te débrouilles sans moi! plaisante-t-il. J'ai promis à ma mère de lui consacrer du temps. Elle habite à soixante kilomètres d'ici. Mais mon copain Patrick me remplacera à la plage et je l'ai déjà prévenu pour les deux boules moka: la commande sera prête!

Le dimanche soir, Mario passe relever la caisse et récupère sa camionnette. La recette est mirobolante ! En mettant l'argent de côté, Mario prend des nouvelles de Martine auprès de Patrick. Qui n'en a pas. Le glacier est étonné et, comme il se trouve à deux pas de l'hôtel de sa copine, il va la demander à la réception.

— Elle n'est pas rentrée, lui dit-on.

23h35... Martine, plutôt couche-tôt, devrait être dans sa chambre. Mario s'inquiète. Il monte dans son véhicule et, tout en roulant, tente de trouver une piste. Où Martine aurait-elle pu aller ? C'est lorsqu'il arrive chez lui qu'il se souvient du point de vue qu'il lui a montré la veille. Martine avait l'air fascinée et avait voulu savoir si les petits chemins très abrupts conduisaient à la mer. Mario avait répondu :

— Il faut les connaître...

Partant d'une simple intuition, le garçon possède maintenant la certitude que Martine s'est aventurée seule dans un endroit dangereux et que la promenade a mal tourné.

Armé d'une torche électrique puissante, il file en direction du point de vue. Il y fait très noir. Mario appelle.

— Martine ! Martine ! Où es-tu ?

Silence. Il descend vers les sentiers un peu à l'écart que les touristes n'empruntent quasiment jamais.

— Martine ! Je suis là !

Toujours rien.

Au bord d'une sorte de précipice, Mario manque de glisser sur le petit sac à main de la jeune femme. Il se penche et hurle :

— Martine ? Tu m'entends ?

Et, enfin, il perçoit un mot, très faiblement :

— Oui !

— Tu es blessée ?

— Ma jambe, oui...

— Courage ! Je vais chercher des secours. Je reviens. O.K. ?

— O.K. !

Très rapidement, des ambulanciers sont sur place. Il leur faudra près de deux heures pour réussir à ramener Martine – dont la jambe droite est cassée – à la surface.

Lorsqu'elle aperçoit Mario, Martine se sent apaisée et murmure :

— Mon ange gardien...

Le sauveur est plutôt ému, mais ne le montre pas trop. Il plaisante encore :

— Les deux boules moka... Je t'avais pourtant dit de ne pas interrompre le traitement...

La canicule et le réfrigérateur

Juillet 1976. L'été est torride un peu partout en Europe. Et notamment dans les Ardennes belges où la famille Liépont occupe la villa d'Henri, un cousin parti aux États-Unis.

Les Liépont sont d'origine liégeoise, mais habitent à Versailles. Se retrouver dans la Belgique verdoyante constitue pour eux un vrai dépaysement. Il y a là les parents, Pierre et Sylvie, quarante-cinq ans tous les deux, Carole, douze ans, Christelle, dix ans, et Philippe, huit ans.

Le 18 juillet, vers 8 heures 30, Pierre et Sylvie s'apprêtent à quitter – momentanément – la propriété ardennaise. Et préviennent les enfants :

— Tant qu'il ne fait pas trop chaud, nous allons faire des emplettes. Quelqu'un nous accompagne ?

Ils reçoivent pour réponse trois "non" assez mous. Visiblement, le trio ne veut guère bouger. Sylvie insiste.

— Soyez sages ! Nous serons de retour en fin de matinée, en tout cas avant le déjeuner.

Pierre et son épouse prennent place dans leur voiture de marque française et s'en vont.

Une trentaine de minutes s'écoulent. Carole et Christelle se lassent de la radio qu'elles n'écoutaient d'ailleurs que d'une oreille distraite.

— On irait se balader jusqu'à l'entrée du bois ? propose l'une.

— Bonne idée ! juge l'autre.

Christelle demande à voix basse :

— On emmène le frère ?

Carole ne paraît pas emballée :

— Il va encore nous casser les pieds ! Il ne veut jamais faire les mêmes choses que nous...

— C'est vrai, mais il va peut-être être triste qu'on l'abandonne...

— Tu as raison : ce ne serait pas bien.

Christelle passe donc par la chambre de Philippe.

— Ça te dit, une promenade avec nous ?

La réplique est franche.

— Non, je n'ai pas le courage de marcher !

Les filles sont ravies, mais ne le montrent pas.

— Tu ne vas pas t'ennuyer tout seul ?

— Certainement pas ! Je vais lire un album des Schtroumpfs !

— Encore ? Mais tu les connais par cœur !

— Justement : pas tout à fait...

Et les gamines s'éloignent. En fait, Philippe a une idée derrière la tête qui n'a rien à voir avec les Schtroumpfs : il a une envie folle de sucer une glace à l'orange.

Ses parents ne lui en donnent qu'à la fin des repas, et, ce matin-là, Philippe ne se sent vraiment pas le courage d'attendre.

Le fait que les frangines débarrassent le plancher semble constituer un signe de la Providence. Philippe se rue vers la cave. Il ouvre la porte du congélateur géant à moitié rempli. Les glaces tant convoitées sont rangées dans le fond. Philippe le sait ; il a suffisamment vu son père les y prendre. Le gamin entre et tend le bras droit.

Mais voilà que, stupidement, il dérape. Et la porte du congélateur se referme. Philippe Liépont essaye de sortir. En vain. Il crie de toutes ses forces. Il sait pourtant que ses parents et ses sœurs sont absents. Mais il ne raisonne plus et la peur le fait hurler.

— Au secours ! À l'aide !

Le garçon s'est mis à pleurer.

— Carole, Christelle, ne me laissez pas ! J'ai très froid !

Trois heures plus tard, Pierre et Sylvie déchargent la voiture. Ils ont croisé Christelle et Carole dans le chemin menant à la maison du cousin Henri. Et demandent où est Philippe.

— Sans doute dans sa chambre. Il voulait rester avec ses Schtroumpfs...

Sylvie s'active à la préparation du déjeuner pendant que Pierre lave sommairement son véhicule. Sommairement parce que, la canicule aidant, il ne serait pas raisonnable d'y consacrer de multiples seaux d'eau.

Ce n'est que vers 13 heures 15 que la famille Liépont se soucie réellement du fiston. La mère le cherche dans chaque pièce :

— Farceur, où es-tu encore caché ?

Au fil des minutes, l'inquiétude de Sylvie monte. À l'aide d'une lampe de poche, elle inspecte même la cave à charbon. Personne. Elle passe ensuite devant le congélateur. Et pense :

— Il ne serait quand même pas allé s'enfermer là-dedans ?...

À tout hasard, elle ouvre la porte et pousse un cri en découvrant Philippe étendu.

Sylvie ne perd pourtant pas un quart de seconde. Elle ne panique pas, ne fait pas un geste inutile. Elle appelle son mari qui, deux minutes plus tard, fonce vers l'hôpital le plus proche.

La température du petit corps est descendue à vingt et un degrés ! Philippe se trouve entre la vie et la mort.

Le médecin s'occupant de lui est profondément pessimiste et n'hésite pas à le montrer aux parents. Il lâche bêtement :

— Il existe une chance sur un million que nous le récupérions...

Sylvie et Pierre craquent. Ils pleurent dans les bras l'un de l'autre. Puis reprennent espoir, car quelque chose leur dit que Philippe sera plus fort que l'adversité. Sylvie, qui tente régulièrement d'arrêter de fumer, grille cigarette sur cigarette, se moquant totalement de ses bonnes résolutions.

Les minutes semblent être des heures ; et les heures, des journées.

De temps à autre, une infirmière décoche un sourire aux parents ; les médecins, eux, ne leur adressent quasiment plus la parole. Sauf un qui, quatre jours après l'admission de Philippe, accourt vers la maman.

— Madame ! Votre fils revient à lui !

Par la suite, préférant nier qu'ils s'étaient largement mis le stéthoscope dans l'œil, lui et ses confrères plaideront pour la thèse du "véritable miracle"...

Et, déjouant les pronostics alarmistes, Philippe revient totalement à lui ! Qui plus est, en un temps record : six heures exactement. Grâce à des perfusions et à des couvertures chauffantes, l'enfant est sauvé.

Et, du coup, ce fut l'immense frayeur des Liépont qui se mit à fondre comme une glace au soleil...

GRAISSE DE BALEINE

Raquel Welsh a refusé l'Alaska

Sex-symbol des années soixante et soixante-dix, Raquel Welsh a gardé le nom de son premier mari, James Welsh. Elle s'est séparée de lui parce qu'un jour, celui-ci lui a fait part de son intention de quitter les États-Unis pour l'Alaska. Où il comptait bien l'emmener dans ses paquets ! Réflexion de la belle :

— Vous me voyez vivre dans un igloo et mettre en pot de la graisse de baleine ?...

Visiblement, le projet a jeté un froid dans le ménage ! À l'évidence, Raquel Welsh a préféré que ce soit à l'entracte de ses projections que l'on continuât à vendre des esquimaux...

GROSEILLES

Un arbuste un peu à part

Jean-Baptiste Lautremont ne raterait pour rien au monde les visites dominicales chez son grand-père. En 1928, il est âgé de douze ans et il a tissé avec le vieux monsieur des liens très forts. Il se sent particulièrement bien en sa compagnie. Il est vrai que Victor Lautremont a mille choses à raconter. Il a beaucoup vécu, beaucoup lu, beaucoup écouté... Car Victor n'est pas un vieillard bavard quelque peu radotant. Surtout pas !

Le dimanche, lorsque Jean-Baptiste le rejoint, il lui pose d'abord des questions sur ce qu'il a fait pendant la semaine, sur ce qu'il a appris à l'école, sur ses copains...

Lorsqu'il fait mauvais, Victor consent à ouvrir les portes de sa grande bibliothèque vitrée à son petit-fils. Bon élève, Jean-Baptiste est très attiré par les livres. Et, aux grandes occasions – Noël, l'anniversaire du gamin, un beau carnet scolaire -, Victor lui offre un volume adapté à son âge : un roman de Jules Verne ou de la comtesse de Ségur.

Quand le temps est au beau, Victor Lautremont emmène Jean-Baptiste dans le parc qui entoure la maison. Pour le gosse, ce vaste jardin ressemble à la fois au paradis terrestre tel qu'il le conçoit après les cours qu'il a reçus au catéchisme, à la forêt magique des contes enchantés et, peut-être plus encore, à un monde très à part qu'il a imaginé et peuplé de personnages parfois bizarres comme ce noyer donnant l'impression à Jean-Baptiste de posséder des bras (deux branches plus longues que les autres), une bouche et des yeux (des trous de taille différente dans le haut du tronc).

Lors des promenades qu'ils effectuent côte à côte, Victor communique à Jean-Baptiste sa passion de la botanique, précise le nom d'un arbre, les particularismes d'une plante, les mois où on peut semer, cueillir...

Lorsque vient la saison des groseilles, et parfois tardivement, car nous sommes en Normandie où il faut compter avec les caprices du climat, Victor s'anime.

— Aujourd'hui, se plaît-il à annoncer dès qu'il le peut, nous allons voir les groseilliers !

Et le voilà parti, prenant le bras de son petit-fils. À soixante-huit ans, Victor se déplace avec difficulté, car il ne s'est jamais bien remis d'une mauvaise chute datant de deux ans plus tôt et qui lui a déboîté le genou gauche.

Victor possède quatre groseilliers. Trois ont été plantés à côté l'un de l'autre, en bordure d'un sentier. Le quatrième se situe un peu à l'écart, à un mètre d'un pêcher. Les trois premiers produisent des groseilles rouges ; le dernier, des groseilles blanches. Victor les avale avec gourmandise et éprouve une sorte d'admiration pour le quatrième arbuste.

— Je suis fasciné par les groseilles blanches. Sans doute parce qu'elles me rappellent mes jeunes années. Lorsque j'avais ton âge, mon père en achetait chez le fermier, notre voisin. Avec mes frères et sœurs, on se goinfrait, jusqu'à en avoir mal au ventre ! Et ma mère devait se battre afin de sauver quelques grappes pour faire des confitures !

Par curiosité d'abord, par goût ensuite, Jean-Baptiste se met à devenir lui aussi un gros consommateur de groseilles.

Le temps passe. Jean-Baptiste a dix-neuf ans. Son grand-père ne sort quasiment plus, car chaque promenade exige de sa part des efforts considérables. Un jour de juillet 1935, il veut pourtant aller revoir son groseillier préféré. Jean-Baptiste le soutient tout au long du chemin. Sur le banc le plus proche du but de la promenade, Victor reprend son souffle.

— Dans la nature, dit-il à Jean-Baptiste, il ne faut jamais se fier aux apparences. Regarde le marronnier là-bas, il est imposant et semble robuste. Pourtant, il est patraque. Il ne porte plus de marrons depuis trois ans et ses feuilles sont de plus en plus rares. En revanche, mon groseillier est tout menu, mais admire ses fruits comme ils sont beaux! Il va vivre beaucoup plus longtemps que le marronnier. Et que moi aussi, d'ailleurs...

Jean-Baptiste est triste d'entendre son aîné évoquer de plus en plus souvent sa disparition.

— C'est sans doute la dernière fois que je me force à venir jusqu'ici...

Un moment de silence, puis:

— Jean-Baptiste, lorsque je ne serai plus là, promets-moi de veiller sur ce groseillier... Il a beaucoup de valeur...

Ému, le jeune homme, qui a du mal à contenir ses larmes, promet. Pendant que Victor répète:

— Beaucoup de valeur...

Malgré son pessimisme, Victor va vivre encore quelques années. Il meurt en 1942 alors que Jean-Baptiste, mobilisé dès le début de la guerre, est loin de la Normandie. Lorsqu'il reçoit une lettre de ses parents lui annonçant la triste nouvelle, il pleure très longuement sans que ses compagnons ne parviennent à le consoler. Entre deux sanglots, il leur explique:

— C'est comme si on venait de m'enlever une partie de moi...

Ce grand-père idolâtré, Jean-Baptiste y pense tous les jours. Il lui arrive même de lui parler.

— Je tenais tellement à toi que tu ne dois pas être bien loin de moi... Peut-être veilles-tu sur moi. Cela tomberait bien, car j'en ai besoin en ce moment...

Avec ou sans la protection de Victor, Jean-Baptiste rentre sain et sauf en Normandie. À peine a-t-il posé sa valise qu'il court au cimetière du village où son grand-père est enterré.

— Je m'en veux tellement de ne pas avoir été à tes côtés lorsque tu es parti. Je m'en veux d'avoir été absent à ton enterrement, de ne pas avoir pu te porter jusqu'ici... Fichue guerre...

Le lendemain, Jean-Baptiste se rend dans la grande maison où Victor Lautremont a vécu près de cinquante ans. Il a l'impression de l'apercevoir dans à peu près toutes les pièces et puis encore dans le parc où Jean-Baptiste refait les balades jusqu'ici jamais effectuées seul. Bouleversé par le manque cruel qu'il ressent, le jeune homme est au courant que Martin, son père, enfant unique de Victor, a hérité de la totalité de ses biens.

Tout autant attaché que Jean-Baptiste à cette demeure familiale, il a décidé de la conserver. Il demeure lui-même à quinze kilomètres de là et, maintenant que la paix est revenue, il pense à déménager et à s'installer dans cette belle propriété acquise par Victor alors qu'il avait eu la chance de revendre à prix fort deux imprimeries reprises quand celles-ci étaient au bord de la faillite.

Autodidacte, Victor s'était notamment intéressé au monde des affaires. Il avait commencé par ouvrir un bistrot qui, rapidement, avait attiré du monde. Mais comme il ne s'amusait pas derrière un bar, il avait engagé pour le remplacer une ravissante jeune femme qu'il avait fini par épouser. Dans la foulée, déjà subjugué par les livres, il s'était senti attiré par l'univers de l'imprimerie. À telle enseigne qu'il en avait acheté une, puis deux.

Par la suite, touche-à-tout dans l'âme, Victor Lautremont avait continué à explorer des voies nouvelles avec un bonheur souvent égal. Moyennant quoi, lorsqu'il décida de prendre sa retraite, il se retrouva en possession d'un joli pactole. Martin Lautremont, son descendant direct (la mère de celui-ci étant déjà décédée) et, par voie de conséquence, Jean-Baptiste, lui aussi fils unique, pouvaient envisager l'avenir sous le signe d'une certaine sécurité financière.

Le jour où Jean-Baptiste se rend presque en pèlerinage chez son grand-père, juste au moment il va enfourcher sa moto afin de reprendre la route, il aperçoit le vieux notaire du coin, voisin de Victor, lui faisant des signes.

— Jean-Baptiste ! Quelle joie de te revoir ! Je t'ai entrevu tout à l'heure et j'avoue que je te guettais. En plus de son testament, ton grand-père a laissé une lettre. Elle t'est destinée. La voici...

Et il lui tend une enveloppe blanche sur laquelle Jean-Baptiste reconnaît la belle écriture fine et régulière de l'être tant aimé. Il remercie l'homme de loi et, instinctivement, retourne vers la maison familiale. C'est là et nulle part ailleurs qu'il souhaite prendre connaissance de cette ultime missive.

Jean-Baptiste choisit la bibliothèque et s'assied au bureau de Victor, impeccablement rangé, comme, sûrement, il l'a laissé. Tremblant légèrement d'émotion, il lit.

"Mon cher petit Jean-Baptiste,

Lorsque j'ai cessé de travailler pour lire encore davantage et m'occuper de notre beau jardin, j'ai entrepris quelques fouilles non loin de l'étang. J'avais appris, grâce à une très ancienne brochure, que six siècles plus tôt une chapelle avait existé à quelques mètres de là et, naïvement, j'ai pensé que j'en trouverais peut-être quelques traces. Figure-toi que j'en suis sorti avec un véritable trésor. J'ai su par la suite que celui-ci n'avait pas de rapport avec la chapelle, mais quelle chance ai-je eue ! En creusant environ deux mètres, j'ai mis à jour un gros coffre en bois bigrement résistant contenant des pièces de monnaie, des bracelets, des colliers, deux crucifix, cinq calices, trois ciboires... Tous en or !

Tu imagines quelle fut mon excitation ! Pourtant, j'en ai parlé à peine à ta grand-mère qui, d'ailleurs, se fichait bien des petits trous que je pouvais faire dans la terre. Tu étais très jeune à l'époque et tu n'aurais pas réalisé la valeur de ces objets. Alors, j'ai pensé que tu les apprécierais bien mieux plus tard. Et j'ai entrepris, peut-être un peu sottement, mais, dans mon esprit, il s'agissait d'un jeu, de les cacher à mon tour ! Je les ai enterrés en dessous du groseillier que j'aime tant, celui qui donne des fruits blancs.

Avant cela, j'ai bien sûr tenté d'en savoir plus sur l'origine de ces merveilles. Lorsque j'ai mis la main dessus, j'ai espéré détenir une partie du trésor des templiers ! Ce n'est pas le cas. Il semblerait qu'à la moitié du quinzième siècle, des moines vivaient non loin de chez nous et que, menacés par des pillards sévissant dans la région, ils auraient pu fuir. Avant cela, ils auraient effectivement planqué quelques-uns de leurs biens. J'ai réuni toutes les informations dont je dispose sur le sujet. Tu les trouveras dans le premier tiroir de la commode face à la grande fenêtre de la bibliothèque.

Je veux que tu sois le seul propriétaire de ce trésor, dernier signe de cette formidable complicité et de cette infinie tendresse qui nous ont liés durant ces années – hélas ! – trop courtes. Mais là où je vais, peut-être ne te perdrais-je pas de vue. J'ose y croire. Comme le moment où, quelque part, nous nous retrouverons. Croire à ces futures retrouvailles m'éviterait ainsi de devoir te dire adieu… Au revoir, donc. Je te laisse mon affection éternelle."

Jean-Baptiste, qui ne retient plus ses larmes, marche dans le parc jusqu'au groseillier. Il ne compte pas empoigner une pelle ou une pioche dans l'heure et risquer de saccager le précieux arbuste. Il s'est arrêté sur le banc tout proche. Et se souvient alors des mots employés à cet endroit même par son grand-père un jour de juillet 1935.

— Jean-Baptiste, lorsque je ne serai plus là, promets-moi de veiller sur ce groseillier… Il a beaucoup de valeur… Beaucoup de valeur…

H

HOT-DOG

Le déguisement de Dean Martin

L'insouciance des années soixante. Dean Martin est une superstar internationale dont les disques se vendent à des millions d'exemplaires de par le monde. Il tourne également dans des films et touche des cachets somptueux. De plus, il dispose de son propre show de télévision grâce auquel, là encore, il engrange de très grosses sommes.

Cela tombe bien, car, à la ville, M. Dean Martin a besoin de beaucoup d'argent pour financer des goûts plutôt coûteux. C'est qu'il aime sans modération à la fois les femmes et l'alcool. La boisson l'a parfois mis dans des états débouchant sur des situations pour le moins insolites. Exemple...

Ce jour-là, Dean Martin fait sensation en arrivant à un bal de charité organisé par une ligue bien-pensante. Car il y déboule complètement ivre et, plus inhabituel dans son cas, entièrement nu, le corps enduit de ketchup !

Les organisateurs sont choqués et offusqués. Ils appellent les flics qui essaient, tant bien que mal, d'emmener le récalcitrant loin des invités partagés entre la colère et l'hilarité. Face aux policiers, Dean Martin ne désarme pas. Il proteste même bruyamment et ne semble pas jouer la comédie.

— C'est une honte, explose-t-il, d'être traité de la sorte! Moi qui me suis donné un mal fou pour me déguiser en hot-dog!

HUILES

Bouvard cuisine les stars

Dans les années soixante-dix, entre 1973 et 1976, à la fois pour des titres de livres ou d'émissions, Philippe Bouvard a été inspiré par quelques aliments ou ingrédients culinaires. Ainsi, en 1973, publie-t-il ce qui demeure son plus gros best-seller, *Un oursin dans le caviar*. Il explique dans l'avertissement aux lecteurs:

"L'oursin, c'est moi avec mes piquants et une certaine inadaptation foncière au milieu ambiant; le caviar, c'est mon pain quotidien supposé. En fait, je n'en mange pas chaque jour, ni chaque semaine, ni même chaque mois, mais ce n'est pas un des moindres avantages des œufs d'esturgeon que de pouvoir revenir toutes les heures dans la conversation sans alourdir l'estomac de ceux qui en parlent. Lorsque le caviar cesse d'être une nourriture pour devenir un symbole, on n'a plus besoin d'un réfrigérateur pour le conserver."

Trois ans plus tard, via le même genre d'ouvrage, Bouvard verse *Du vinaigre sur les huiles* et note: "On ne fait pas d'omelette sans casser des œufs. Les omelettes sont les intervieweurs et les œufs, les interviewés." Décidément...

La même année, Philippe Bouvard occupe une partie de l'été en participant à un tournage de film de cinéma. Il n'est pour rien dans le scénario ou les dialogues. Simplement, et exceptionnellement, Philippe Bouvard a accepté de tenir son propre rôle s'intégrant dans une histoire, elle, purement fictive. C'est le metteur en scène Claude Zidi qui a eu cette idée. Le film s'intitule *L'aile ou la cuisse* et réunit en haut de l'affiche Louis de Funès et Coluche. Thème : les milieux de la gastronomie et leurs critiques.

À un moment, Louis de Funès et Julien Guiomar se retrouvent dans un face à face télévisuel baptisé *Tous les coups sont permis*. L'arbitre du duel se nomme Philippe Bouvard. Et celui-ci s'amuse bien.

Mais très vite, le journaliste-animateur-écrivain pense que cette trouvaille pourrait connaître des prolongations sur d'autres écrans, ceux de la télévision. Avec la bénédiction de Claude Zidi, pendant une saison, Bouvard va proposer sur Antenne 2, le lundi en fin de soirée, un duel sur un thème de société. Exemples : les sondages d'opinion, la culture populaire et universitaire, la télé d'État et la télé privée, la peine de mort, la construction européenne, l'homosexualité, la presse d'information et d'opinion, l'armée de métier et de conscription...

Titre du programme : *L'huile sur le feu...*

L

LAIT

Une recette explosive

Il y a quelques années, un éditeur américain publie des bouquins qu'il juge sans risque. Ainsi sort-il un livre de cuisine dont il est particulièrement fier. Jusqu'au jour où il reçoit le courrier d'un avocat l'attaquant en justice au nom d'une de ses clientes !

Dans l'ouvrage en question, il est notamment question d'une recette pour laquelle on explique qu'il faut placer une boîte de lait condensé non ouverte dans une marmite et la laisser sur le feu pendant quatre heures. Hélas ! L'auteur oublie de préciser qu'au préalable, il est indispensable de remplir la marmite d'eau, sinon, la recette devient celle du pudding explosif !

Une lectrice en fit malheureusement l'expérience ; son appartement fut détruit ! Furieuse, elle traîna l'éditeur au tribunal. Qui condamna ce terroriste qui s'ignorait…

LOTTE

La recette avec les petits légumes

27 juin 1974. Tout en bavardant avec une copine, Corinne Forestier a clairement remarqué que, depuis cinq minutes au moins, un jeune homme, plutôt bien de sa personne, ne cesse de l'observer. Dans la grande salle des fêtes de cette ville de moyenne importance de l'ouest de la France où a lieu un bal en l'honneur d'Hélène Duchantier, une directrice d'école partant à la retraite, Corinne Forestier, taille moyenne, cheveux bruns mi-longs, vingt-cinq ans, semble particulièrement à l'aise. Beaucoup plus en tout cas que ce garçon qui, il est vrai, ne la quitte pratiquement pas des yeux.

Moins d'une heure plus tard, Corinne s'arrange pour l'approcher.

— Nous nous connaissons ?

— Euh... Non... En tout cas, je... je ne crois pas, bredouille l'autre.

— C'est bizarre, j'aurais juré le contraire ! Mais après tout, vous avez peut-être raison. Corinne Forestier, enchantée !

Et en prenant la main que la demoiselle lui tend, il répond :

— Yves Lourmaillon...

— Vous avez, vous aussi, été élève de cette brave Mme Duchantier ?

— Non, mais je la connais bien, car mes parents sont amis avec elle depuis trente ou quarante ans.

Au fil des banalités échangées, Corinne jurerait qu'Yves est dingue d'elle. Il est certes intimidé, mais, surtout, très perturbé par ce qu'il vient de ressentir et qui doit s'appeler le coup de foudre ! De son côté, Miss Forestier trouve du charme à ce grand dadais éprouvant des difficultés à soutenir son regard. Elle lui fait boire deux, trois verres de vin qui le détendent singulièrement.

— Je vous trouve...

Corinne se montre impatiente.

— Vous me trouvez ?...

— Charmante !

— Vraiment ? ajoute l'autre, qui en attendait un peu plus.

— Non...

— Ah bon ? réplique-t-elle, prête à se vexer.

— Pas que charmante... Vous êtes surtout magnifique !

Et sur ce, Yves attrape sur un plateau un nouveau verre de vin qu'il vide cul sec ! Pas de doute, il n'est pas dans son état normal. Il y a encore une heure, lorsqu'il était sobre, il aurait été totalement incapable de prononcer le dixième de cette phrase et d'exprimer d'ailleurs le moindre sentiment à une inconnue. Et déclarer sa flamme, ou presque, à une créature de rêve aperçue pour la première fois au début de la soirée relevait de la pure utopie !

Face au trouble manifeste du garçon, Corinne ne peut s'empêcher de sourire.

— Que faites-vous de beau dans la vie ?

— Je suis fonctionnaire... Pour le ministère des Finances.

— C'est vous qui piquez les sous que je tente de gagner péniblement ?

— Même pas ! Moi, je ne suis qu'une petite main. Je remplis des formulaires et j'en relis encore plus. Et vous ?

— Je suis représentante de commerce. Je vends des sous-vêtements féminins.

— Drôlement plus excitant que mes formulaires !

— Excitant pour un homme, peut-être, mais pour une femme...

— Finalement, on n'est jamais content de ce qu'on a...

La boisson lui donnant toutes les audaces, Yves s'aventure même sur le terrain plus privé.

— Vous êtes un cœur à prendre ?

— Et indiscret avec ça !

Corinne se fait taquine.

— Invitez-moi à dîner et vous le saurez !

— Marché conclu. Demain ?

Corinne ne s'est pas trompée : il est accro !

— D'accord !

— 20 heures à la Brasserie Jacques ?

— J'y serai...

À cinq heures du matin, Yves Lourmaillon n'a pas encore fermé l'œil. Il y a d'abord le vin blanc qu'il ne supporte pas vraiment et qui, absorbé après vingt heures, l'empêche de dormir. Il le sait et, pourtant, lorsque la belle Corinne lui a proposé un breuvage qu'elle avait l'air, elle, de pleinement apprécier, il n'a pas voulu la contrarier. Mais s'il n'y avait que le vin blanc, peut-être Yves aurait-il déjà trouvé le sommeil. Car, évidemment, il y a aussi, et essentiellement, Corinne, dont il est tombé fou amoureux comme il ne l'a jamais été.

Yves en est déjà à décompter les heures qui le séparent d'elle. Heureusement, aujourd'hui, c'est dimanche. Dans l'après-midi, même s'il est victime d'un gros coup de barre, il pourra s'effondrer dans le divan. Et sera ainsi en pleine forme à 20 heures!

Mais Yves est tellement excité qu'il résiste à la sieste. Dans l'après-midi, il a consommé trois ou quatre cafés très serrés qui lui réussissent à peine mieux que le vin blanc! Craignant d'arriver en retard au rendez-vous qui, il en est certain, va bouleverser son existence, Lourmaillon s'attable à la Brasserie Jacques dès 19h35 en précisant au maître d'hôtel, l'air plutôt fier:

— Une jeune femme va me rejoindre...

Corinne se fait un peu désirer. Il est 20h15 lorsqu'elle pénètre dans le restaurant. Yves ne le montre pas, mais il s'inquiétait. Et l'idée que la demoiselle ait pu lui poser un lapin lui avait même effleuré l'esprit.

Corinne avoue n'avoir pas grand appétit et ne commande qu'un plat: de la lotte aux petits légumes. Yves, qui a une faim de loup, se prive d'entrée, et imite son invitée. Et il ne le regrette pas, car cette lotte aux petits légumes est un délice. Et la soirée, idyllique. Corinne est bien célibataire et pas désireuse de le rester. En sortant de l'établissement, elle effectue quelques pas au côté d'Yves à qui elle permet assez vite un long baiser.

Dans les jours et les semaines qui suivent, Lourmaillon ne descend plus de son nuage rose! Au bureau, tous les formulaires qu'il doit traiter, il les recouvrirait volontiers de petits cœurs. Mais il se retient et travaille consciencieusement.

Dès que Corinne est libre (elle se déplace beaucoup pour les besoins de son métier), il la retrouve et il n'est pas rare qu'ils gagnent la Brasserie Jacques où ils savourent à nouveau la désormais fameuse lotte aux petits légumes.

Après les réveillons, Corinne annonce à Yves qu'elle étend son champ d'action et que, désormais, elle est chargée de couvrir non seulement toute la Bretagne, mais également la Normandie. L'amoureux toujours transi boude, car il sait que les absences de sa dulcinée seront plus longues et plus fréquentes.

Il ne se trompe pas. Ce qu'il ignore, en revanche, c'est qu'elles n'ont pas toutes un motif professionnel. Le 15 mars 1975, le destin d'Yves Lourmaillon bascule en une fraction de seconde.

Ce soir-là, il est seul chez lui et s'aperçoit qu'il n'a plus rien à manger. Fatigué, il se résout à aller au restaurant. Il prend sa voiture sans trop savoir où il s'arrêtera. Il choisit une petite rue peu fréquentée où il a repéré un bistrot à l'apparence sympa. Il s'apprête à y entrer lorsqu'il aperçoit à une table Corinne la main posée sur celle d'un inconnu avec qui elle éclate de rire !

Il n'a pas la berlue : c'est bien Corinne, censée dormir à deux cents kilomètres de là, qui prend du bon temps avec un autre homme !

Finalement, Yves ne dînera pas. Il rentre chez lui, empoigne une bouteille de whisky qu'il boit au goulot. Il déteste le whisky, mais peu importe ! Il cherche à s'abrutir et à dormir vite. En une heure, c'est chose faite. Le lendemain, Yves se sent vaseux et ne va pas bosser.

Vers onze heures, Corinne lui téléphone :

— Tu n'es pas au ministère ?

— Non, je suis un peu malade. Rien de grave, je pense...

— Je viens de rentrer ! On se voit tout à l'heure ?

— O.K. ! Chez moi à 19 h 30 ? J'aurai une surprise pour toi...

Sur le conseil de son pharmacien, Yves a pris un médicament qui lui a plus ou moins remis l'estomac d'aplomb. Et lorsque Corinne sonne à sa porte, il a l'air plutôt joyeux.

— Tu ne devineras jamais ce que j'ai préparé ?

Corinne donne vite sa langue au chat.

— De la lotte aux petits légumes !

— Ça alors !

— Je me suis procuré la recette et je crois que je me suis bien débrouillé !

— Eh bien, goûtons ça !

— J'ai même acheté le vin blanc que tu aimes !

Durant le repas, Yves pose quelques questions banales.

— Il faisait beau en Normandie ? Ça marche les affaires ? Tu repars quand ?

Puis, sa compagne esquissant quelques grimaces et commençant à se tordre de douleur, il sourit.

— Ça ne va pas ?

Corinne ne comprend pas :

— Pas du tout ! Appelle un médecin !

Lourmaillon hausse les épaules :

— Tu ne vas pas quand même pas me dire que ma cuisine est dégueulasse ?

Corinne Forestier est en train d'étouffer. Yves, lui, demeure très calme.

— Ce n'est pas ma lotte aux petits légumes qui ne passe pas. Non, c'est ton repas d'hier soir avec ce beau jeune homme qui n'était pas bon. Franchement mauvais, d'ailleurs. Non ?

Corinne articule péniblement quelques mots.

— Que... que... que... veux... veux-tu ?...

Plus elle tombe sur le sol, inanimée.

— Que tu crèves ! répond tranquillement Yves.

Et, enfin, il décroche le téléphone et demande des secours.

Corinne Forestier rend le dernier soupir durant son transport à l'hôpital. Le décès étant considéré plus que suspect, la justice exige une autopsie. On trouve dans l'organisme de Corinne une forte quantité de mort-aux-rats.

Sans songer un instant à nier son crime, Yves explique qu'il a obtenu facilement ce dont il avait besoin dans une droguerie tenue par un copain en prétextant une incroyable invasion de rongeurs indésirables à son domicile. Il a également pris soin de verser dans le vin blanc servi à Corinne un puissant somnifère afin qu'elle ne puisse réaliser à quel point le goût de la lotte aux petits légumes était inhabituel...

Et lorsqu'il eut achevé l'essentiel de ses confidences, Yves Lourmaillon ajouta, en affichant un réel contentement de lui-même :

— C'est rare que je me mette aux fourneaux. Là, je me suis surpassé. Mais ça valait la peine...

M

MOULES

La pêche de Jacques Martin

12 janvier 1975, 13h20 sur TF1. Derrière un bureau, Jacques Martin souhaite le bonjour aux téléspectateurs. En direct, il entame le premier numéro du *Petit rapporteur*, un magazine hebdomadaire se voulant drôle et impertinent. Le genre est risqué. D'ailleurs, chacun des génériques de fin s'achèvera par "À dimanche, peut-être..."

Jacques Martin, 42 ans, est déjà une vedette populaire. À la radio, notamment, seul ou avec Jean Yanne, il s'est taillé une solide réputation d'amuseur caustique. Dernièrement, sur RTL, entouré d'une solide équipe, il proposait, juste après le journal de 13 heures, *Et avec un micro, qu'est-ce que vous savez faire?* Il s'agissait, en quelque sorte, d'une répétition du *Petit rapporteur*.

L'idée de ce magazine dominical est née une nuit d'insomnie dans la tête de Jacques Martin. Très vite, l'animateur en a parlé au réalisateur Bernard Lion. Et, ensemble, ils ont constitué une bande pour le plateau: Pierre Bonte, Piem, Philippe Couderc, Robert Lassus, Stéphane Collaro... Un peu plus tard, le comédien Daniel Prévost rejoint la bande. Et aussi un chroniqueur que Martin a remarqué dans la presse écrite, Pierre Desproges.

Le 5 octobre 1975, *Le Petit rapporteur*, devenu un phénomène d'audience et de popularité, poursuit sur sa lancée. Jacques Martin attend de prendre l'antenne. Jean-Claude Bourret vient de terminer le journal de 13 heures, et les publicités défilent.

Brusquement, Martin a l'attention attirée par un spot dans lequel un gamin déguste un yaourt en chantant *La pêche aux moules*. Sans hésiter, Maître Jacques lance à la cantonade:

— Allez, on la reprend!

Autour de la table, c'est la surprise, mais chacun y va de bon cœur alors que l'émission démarre. Les gestes (les moulinets des mains) sont créés dans la plus totale improvisation par Martin, d'emblée imité par ses compères.

L'impact de cette *Pêche aux moules* va être phénoménal. Le titre – en fait très ancien puisque sa première version remonterait au Moyen Âge – devient l'hymne du *Petit rapporteur* que les joyeux drilles feront interpréter notamment par des députés! Des maisons de disques s'emparent de ce gigantesque succès et l'amplifient. La France, la Belgique, la Suisse entonnent *La Pêche aux moules*, la mettant à toutes les sauces et prouvant que Martin et ses copains ont bien la frite...

MOUTARDE

Billets de banque et de loterie

À force de résister plutôt vaillamment à tous les microbes et à tous les pièges de l'âge, Joseph Guilbert avait fini par faire croire à son entourage qu'il était éternel. D'ailleurs, le jour de ses quatre-vingts ans, il avait juré devant sa famille réunie qu'il se sentait dans une forme éblouissante.

Dans l'euphorie de la fête, d'aucuns avaient même affirmé :

— Le Joseph, il nous enterrera tous !

Un peu plus de deux ans après, Joseph Guilbert, qui n'était pour ainsi dire jamais malade, prit froid. Il crut à un simple rhume et tarda à appeler le médecin. En fait, Joseph était victime d'une grippe qui, en quelques jours, lui fut fatale.

Vivant seul dans une petite maison de la région de Mulhouse, le vieux monsieur avait estimé son état "à peu près normal". Lorsque Jacques, son fils unique, le découvrit fébrile et recroquevillé dans son lit, il le fit hospitaliser d'urgence. Mais il était sans doute déjà trop tard. Moins de quarante-huit heures plus tard, Joseph Guilbert était mort. Lui qui se voyait déjà centenaire avait rendu l'ultime soupir à quatre-vingt-deux ans.

Le jour de l'enterrement, le 27 janvier 1967, il y a foule autour du cercueil de bois noir pour rendre hommage à cet homme chaleureux, un peu grande gueule et un rien trop sûr de lui, sa fin tragique l'ayant, hélas, prouvé une dernière fois.

Assez rapidement, Jacques Guilbert, son épouse, Christiane, et des cousins, vident la maison qu'ils vont vendre. Et il y a du boulot parce que, depuis près de cinquante ans qu'il habitait à cette adresse, Joseph avait gardé beaucoup de choses. D'autant que Mireille, partie quinze ans avant lui, avait également entassé objets et souvenirs en tout genre.

Une partie du grenier est encombrée par des centaines de pots de moutarde. Vides. C'était l'une des passions de Joseph : au fil de plusieurs décennies, il en avait acheté partout où il était passé. Résultat : il y a là des centaines et des centaines de pots répertoriés dans des caisses, selon les années et les marques. Et une autre, à part, sur laquelle il est écrit en grosses lettres : "Mes préférés". Si Jacques l'avait ouverte, il aurait vu ou revu les jolis verres à pied ayant contenu la moutarde que son père adorait. Joseph n'en mangeait pas à tous les repas, mais dès qu'un plat s'y prêtait, il sortait son accompagnement préféré !

Fatigué de trier, Jacques Guilbert veut aller au plus vite. Et décide que, au même titre que d'autres vieilleries inutiles, les pots de moutarde valsent, sans exception, à la poubelle !

Une petite semaine s'écoule. Henri Rutcheim, le tenancier du bar-tabac où Joseph avait ses habitudes, est attiré par un article d'un journal local. Titre: "Le gagnant du gros lot reste introuvable". Le journaliste explique que, depuis plusieurs semaines, la Loterie nationale recherche la personne ayant eu la chance de décrocher une timbale évaluée à l'équivalent de 200.000 euros. Le seul indice dont on dispose, c'est la région où aurait été écoulé le billet : l'Alsace.

Intrigué, Henri Rutcheim se met en tête que le bout de papier porte-bonheur est parti de chez lui ! Pendant quarante-huit heures, il réfléchit longuement puis, un matin, alors que Jacques Guilbert vient acheter ses cigarettes, il dit :

— Si ma mémoire est bonne, et je crois qu'elle l'est, quelques jours avant de tomber malade, ton père a pris ici même un billet de la Loterie.

Pressé, Jacques Guilbert ne prête guère attention à la conversation du buraliste.

— Possible, répond-il. Il le faisait souvent. Tu le sais mieux que moi, d'ailleurs...

Et il tourne les talons.

Le lendemain, Henri revient à la charge.

— Moi, j'ai la sensation et même l'intime conviction que le mystérieux bonhomme qui a décroché le gros lot, c'est ton papa...

Jacques ricane et se moque de Rutcheim.

— Il est peut-être parti aussi avec le secret du trésor des templiers...

L'autre ne se laisse pas démonter.

— Tu devrais vérifier, ça ne coûte rien...

— Vérifier ? Tu en as de bonnes, toi !

— C'est tout simple : ses billets de Loterie, comme les grosses coupures qu'il gardait pour les coups durs, Joseph les planquait dans ses pots de moutarde, les vingt qu'il préférait et qu'il tenait à part...

Jacques blêmit.

— Comment le sais-tu ?

— Lorsque des voleurs sont venus retourner le cabinet du toubib, il y a trois ans, il m'a dit : "Chez moi, le magot est introuvable !" Et, parce que nous nous faisions nos confidences, il a lâché le morceau ! Mais tu es le premier à qui j'en parle !

Jacques paye son tabac en tremblotant.

— Ça ne va pas ? s'inquiète Henri.

— Euh... Si... Si...

Puis, ayant manqué de se taper le crâne sur la porte vitrée qu'il devait imaginer ouverte alors qu'elle ne l'était pas, Jacques sort précipitamment. Arrivé au bureau d'assurances où il travaille, Guilbert se précipite sur le téléphone et appelle sa femme.

— Que sont devenus les pots de moutarde de mon père ?

Croyant au début à une plaisanterie, Christiane éclate de rire.

— On les a jetés, pardi !

Jacques insiste :

— Tu en es certaine ?

Son épouse n'a évidemment pas l'ombre d'une hésitation et lui rappelle :

— Quand tu as vu les piles de caisses, tu as décrété : "Tous ces pots, je ne veux plus les voir !" Et tu as précisé : "Entre nous, j'ai toujours jugé cette manie complètement grotesque ! Il ne doit y avoir qu'un homme au monde collectionnant ce genre de conneries et il a fallu que ce soit mon père !" Et sur ta lancée, tu as même ajouté : "Des timbres ou des bagues de cigare, on pourrait les monnayer, mais ces trucs ridicules, qu'ils partent à la casse !"

Furieux contre lui-même, Jacques sombre dans la mauvaise foi.

— Et, bien sûr, tu m'as écouté !

— Forcément...

— Et si je t'ordonnais de balancer dans le Rhin les tableaux de valeur de ton grand-père ou les bijoux de ta mère, tu m'obéirais ?

— Non, parce que ce n'est pas comparable !

— Et c'est là que tu te trompes !

Après avoir obtenu un indispensable complément d'information, Christiane reconstitue le parcours que ses (très) chères poubelles ont dû emprunter. À un employé municipal, sympathique et serviable, la belle-fille de Joseph raconte son histoire sans pourtant entrer dans le détail.

— Ces pots de moutarde, souligne-t-elle, ont une valeur sentimentale pour moi et mon mari. Je voudrais tellement les récupérer...

Le garçon compatit et affirme que, même si ce n'est pas vraiment autorisé, il fermera les yeux au cas où les Guilbert viendraient fouiller le dépôt d'immondices ! Car, bien entendu, il n'existe aucune autre solution...

Dès le lendemain, vêtus de combinaisons les faisant ressembler, de loin, à des cosmonautes, Jacques et Christiane entament leurs recherches. Il y a là des tonnes d'ordures diverses et (a) variées... Le couple tente de faire abstraction de la répulsion que lui inspirent ces travaux forcés. Et doit attendre quatre longues journées passées au cœur de la saleté avant d'identifier les premiers paquets venant de la maison de Joseph !

Finalement, les Guilbert mirent la main sur la petite caisse et les précieux pots de moutarde qui cachaient l'équivalent de 16.000 euros. La piste d'Henri Rutcheim était donc bonne. Meilleure que son flair : car le billet de loterie acquis par Joseph peu de temps avant son décès n'était pas celui du gros lot...

N

NAVETS

Une Vénus dans le champ

2 mai 1937. M. Gonon, cultivateur à Saint-Just-sur-Loire, laboure un champ qui, longtemps, a été dévolu aux navets. Subitement, le soc de la charrue est bloqué par une pierre dépassant du sol. Enfin, c'est ce que Gonon pense. Mais, très vite, il se rend compte qu'il n'a pas affaire à un gros caillou. Il creuse et finit par mettre à jour une sculpture mutilée en marbre blanc représentant une femme à moitié nue.

Tout excité par sa découverte, le paysan en parle à tout qu'il rencontre.

Le maire de Saint-Just-sur-Loire avertit le ministère des Beaux-Arts qui se réjouit publiquement que l'on ait ainsi trouvé une très belle statue antique. Moyennant quoi des journalistes parisiens effectuent le déplacement et consacrent des articles à celle que l'on ne nomme plus que la "Vénus aux navets".

Des spécialistes – historiens et archéologues – ont également fait le voyage et, en observant la mystérieuse dame, ont décrété qu'elle datait de l'époque gréco-romaine.

L'aubaine est exceptionnelle à la fois pour Saint-Just-sur-Loire et pour M. Gonon qui, plutôt fier, expose sa déesse chez lui et reçoit les très nombreux visiteurs.

Les semaines se passent quand, brusquement, un plaisantin vient mettre fin au joli rêve. Il s'appelle Francesco Crémonèse, habite Villars, à douze kilomètres de Saint-Just-sur-Loire, et est plâtrier. Son hobby: fabriquer des statues. Gonon, qui le connaît, l'accueille dans sa ferme, lui montre forcément son trésor et, question de le taquiner, lance:

— Vous ne seriez pas capable d'en faire autant!

L'autre se tait un instant, sourit, puis passe aux aveux.

— J'en suis tellement capable qu'il s'agit d'une de mes œuvres!

Gonon ne le croit pas, ou en tout cas ne veut pas le croire, et, forcément, exige des preuves. En attendant que le gaillard puisse les fournir, ce rebondissement inattendu prend des allures de scandale! "La Vénus aux navets" serait donc un faux!

Il faut une année à Crémonèse pour démontrer qu'il ne ment pas. Il fait sortir de l'ombre Anna Studinicki, une jeune femme de nationalité polonaise, qui affirme avoir servi de modèle dans l'atelier de Crémonèse. La ressemblance est effectivement frappante. Il ne fait maintenant plus aucun doute que le farceur s'est payé la tête de tout le monde, y compris celle des "brillants" experts de la capitale!

Voulant alors récupérer ce qu'il estime être son bien, Crémonèse se heurte à l'opposition radicale de Gonon.

— Vous avez pénétré sur mes terres afin d'y cacher la Vénus. Donc, elle m'appartient!

La justice dut trancher et le fit en faveur du cultivateur. Mais l'affaire provoqua un tel bruit qu'elle apporta à Crémonèse une notoriété dont il tira un certain profit. Suffisamment pour acquérir, par exemple, quelques tonnes de navets...

NOURRITURE (POUR CHIENS)

Un mordu des boîtes !

Manfred Ulrich n'est pas un mauvais bougre. Simplement, il n'est pas malin. Il ne l'a jamais été. Sa scolarité a été à la limite de la catastrophe et ses parents redoutaient toujours que le fiston commette une grosse boulette ayant des conséquences plus ou moins graves. Manfred ne s'est pas attardé sur les bancs de l'école. Il n'était pas fait pour elle. Ou le contraire. Donc, il valait mieux qu'ils se séparent...

Au fil des années, son père et sa mère n'ont cessé de répéter au gamin d'obéir, d'écouter ceux qui savent mieux que lui et de se tenir à carreau ! À chaque fois, Manfred a dit oui. Et, sans doute que, sur le moment, il n'avait nullement l'intention de se rebeller. Ce n'est pas dans sa nature. Rebelle, non. Un peu idiot, oui.

En 1998, Manfred Ulrich, trente-six ans, est employé dans un grand magasin comme gardien travaillant aussi bien le jour que la nuit. Pour ses rondes, il dispose d'un berger allemand qui a été baptisé Bazil. Comme l'animal ne collabore qu'avec Manfred, il est prévu que celui-ci le ramène chez lui et s'en occupe, moyennant finance, bien sûr, et contre remboursement des frais que l'hébergement occasionne.

Cela fait quatorze mois que Manfred fait équipe avec Bazil et le boulot se passe plutôt bien. Dans le courant de l'automne pourtant, un soir, chez lui, une idée saugrenue passe par la tête d'Ulrich. Il lance à Lara, son épouse :

— Et si on goûtait la bouffe du chien ?

Manfred reçoit en effet chaque semaine des boîtes pour nourrir Bazil. Qu'il se demande quel goût a la pitance de son compagnon à quatre pattes n'est évidemment pas un signe de crétinisme. Mais, hélas, chez Manfred, il ne s'agit pas d'une curiosité fugace, car il pense déjà plus loin.

— Ce n'est pas mauvais ! reconnaît-il.

Et comme Lara est du même avis, le couple en fait son dîner ! Le lendemain, il remet ça. Et le surlendemain aussi.

— Vachement économique ! constate Lara. On va pouvoir récupérer de l'argent pour les vacances.

Ravi de son stratagème, Ulrich ne se soucie guère de Bazil à qui il ne donne plus que du pain et qui, du coup, maigrit à vue d'œil. À telle enseigne que le patron de Manfred le remarque rapidement.

— Bazil n'a pas l'air en forme, vous devriez l'emmener chez le vétérinaire !

Manfred promet d'y aller, mais se garde bien de tenir parole.

Au bout de deux semaines, Bazil ne se portant pas mieux, le boss mène discrètement une enquête et se rend compte qu'Ulrich lui a menti en ce qui concerne la visite chez le spécialiste. Alors, il le convoque et le... cuisine !

Pas rusé, Manfred ne met pas longtemps à avouer. Selon ses calculs, avec Lara, ils ont consommé quatre-vingt-deux conserves destinées à Bazil !

— Finalement, admet-il, ce n'est pas plus mal que nous arrêtions là. Car depuis quelques semaines, nous souffrons de brûlures d'estomac. Et, à mon avis, il y a un lien...

Manfred eut tout le loisir de soigner ses aigreurs, car, le jour même, il fut viré.

La caverne d'Ali Cabot

Personne ne connaît réellement Paolo Nuto. En tout cas pas ses voisins qui le croisent et l'aperçoivent sans jamais lui parler vraiment. Cet être quelque peu mystérieux habite une petite maison un peu à l'écart dans ce gros village de Toscane. Ce qui semble certain, c'est qu'il n'a ni femme ni enfant.

Il doit travailler assez loin de son domicile, car, chaque matin, il quitte celui-ci à 6h30 et rentre en début de soirée. Le dimanche, on le voit à la messe de 10 heures. Durant l'office, il tient son chapeau à la main et ne le lâche quasiment pas, sauf pour aller communier.

Paolo a aux alentours de quarante-cinq ans. Plutôt grand, mince, chauve, il a toujours l'air méfiant. Par exemple, lorsqu'il se rend à l'épicerie, il ne parvient pas à prononcer deux phrases sans bafouiller.

Exemple :

— Je voudrais deux... euh, non, plutôt trois concombres...

Ou bien :

— Je vais prendre aussi... Enfin, je veux dire acheter, des oranges...

Cet homme-là est mal à l'aise. Et sans doute malheureux aussi. Dans son bled où les vieilles, et moins vieilles d'ailleurs, passent du temps à leurs fenêtres ou sur leur pas de porte, on sait que Nuto ne reçoit jamais la moindre visite.

Il se déplace dans une camionnette menaçant sans cesse de perdre ses roues, son pot d'échappement ou ses portières. Dès qu'il regagne son domicile, Paolo ouvre le garage et le véhicule y disparaît. Il ne le stationne pas devant chez lui. Pourtant, seul un voleur aveugle pourrait avoir l'idée de s'encombrer d'un pareil tas de ferraille !

À moins peut-être de savoir ce qu'il transporte presque quotidiennement depuis de longs mois...

Car Paolo Nuto a un secret qui, hélas pour lui, va être percé à jour, à cause de sa guimbarde justement.

Le 17 avril 1985, le bonhomme roule en direction de sa bicoque quand le coffre s'ouvre et, sur les routes pleines de creux et de bosses, laisse tomber des boîtes qui vont finir par ressembler aux cailloux du Petit Poucet.

Alessandro, un jeune carabinier sortant du commissariat, remarque l'anomalie et se lance à la poursuite de l'automobile. Il débarque chez Paolo dix minutes plus tard et découvre un living aux étagères surchargées de boîtes d'aliments pour chiens ! Exactement semblables à celles qu'il vient de ramasser sur cinq kilomètres !

À vue de nez, il y a là trois cents boîtes !

Paolo est paniqué et, plus encore qu'à son habitude, bredouille.

— C'est genpa, euh, non... Je voulais dire gentil et sympa d'être là...

Alessandro sourit, mais a compris que le type lui cache quelque chose.

— C'est à vous tout ça ?

— Euh… Oui… Enfin, pas tout !

— Pourquoi pas tout ?

— Presque tout… À quelques boîtes près… Mais je vais les… les… les…

— Les ?

— Les payer, hein ? On est d'accord ? C'est à vous que je dois donner l'argent ?

Alessandro pria son hôte de s'asseoir et de se calmer. Il continua à lui poser des questions et ne dut pas attendre longtemps des aveux un peu plus clairs.

Paolo Nuto avait un terrible penchant pour une marque d'aliments pour chiens :

— À cause d'une pub à la télé ! s'excusa-t-il.

Et, depuis un certain temps – il n'avait pas retenu la date exacte –, il en piquait quelques unités dans tous les magasins où c'était possible de le faire !

La totalité de son impressionnante collection ne provenait pas du fruit de ses larcins. Mais il convint que ses maigres revenus d'ouvrier menuisier ne lui permettant pas de s'octroyer des folies, il lui avait fallu s'organiser…

— Plutôt bien, d'ailleurs, pensa Alessandro.

Avant d'ajouter :

— Si vous jurez de renoncer à votre manie dès aujourd'hui, vous devriez vous en tirer à bon compte.

Un point pourtant le laissa sceptique : Paolo Nuto n'avait jamais eu de chien et, dans son esprit quelque peu dérangé, il n'était pas question d'en adopter un !

— Entre nous, précisa-t-il, je les déteste !

O

OBÉSITÉ

C'est contagieux !

Le *New England Journal of Medicine* est formel : fréquenter des gens obèses fait grossir ! L'étude sur laquelle la publication se base a été menée on ne peut plus sérieusement, puisque 12 067 Américains ont noté et analysé leur poids pendant trente-deux ans ! Il en ressort qu'avoir des amis un peu ou très enrobés porte les risques d'être corpulent à 57 % ! Les bons copains deviennent des références ou des alibis dès lors que l'on prend du volume. Et cela donne des petites phrases dans le genre : "Je grossis, mais Machin, lui aussi, a dix kilos de trop..." Sous-entendu : "Je me fonds (sic) dans la moyenne."

Le raisonnement est certes un peu... gonflé, en existant bel et bien. Mais, bonne nouvelle, avoir des proches affichant des mensurations idéales peut avoir le même type d'influence sur la ligne.

À vous de voir si vous trouvez ces affirmations un peu grosses ou sa valeur scientifique un peu mince !

ŒUFS SUR LE PLAT

Un autre rôle

L'acteur américain Adrian Pasdar (qui joue Nathan Petrelli dans la série *Heroes*) a été révélé très jeune grâce à *Top Gun*. Malheureusement pour lui, par la suite, et avant de rebondir sur les petits écrans, son téléphone ne sonna plus beaucoup. Aucun producteur ne voulait alors de lui. Au lieu de ronger son frein chez lui, Adrian Pasdar se présenta dans une cafétéria de New York qui cherchait un serveur ! Et il fut engagé !

Durant l'été 2007, dans les colonnes du *Parisien*, il s'en souvenait.

— Quand vous prenez les commandes des gens à six heures du matin, vous êtes en contact avec eux. Certains disaient : "Hey, c'est le gars de *Top Gun* ! Et ils se demandaient ce qui m'était arrivé. Moi, j'avais juste besoin de leur servir des œufs sur le plat et du jus d'orange..."

OIGNONS

Un premier dîner

Chantal Martignon attend le prince charmant. Âgée de vingt-cinq ans, le temps commence à lui paraître long, d'autant que, à trois reprises, elle a cru l'avoir rencontré.

Autour d'elle, Chantal voit des copines presque casées ou déjà mariées, et elle s'angoisse. Le soir, souvent – parce que la journée, elle travaille –, la demoiselle se pose des tas de questions. Pêle-mêle, cela peut donner :

— Suis-je moche comme un pou ?

— Est-ce que j'effraie les garçons ?

— Si oui, qu'est-ce qui, chez moi, les fait fuir ?

— Suis-je malheureuse d'être seule ?

— Vais-je finir vieille fille ?

Dans l'ordre, elle répond.

— Objectivement, je ne trouve pas, mais il y a des jours où je devrais regarder d'un peu plus près afin d'en avoir le cœur net.

— Le rejet n'est pas manifeste, mais force est de constater qu'ils ne se précipitent pas dès que je sors de chez moi.

— Ce qui peut les effrayer, c'est mon côté intello. C'est vrai que j'ai suivi des études sérieuses, que je ne suis pas idiote et que je porte des lunettes !

— Quand je veux faire ma maligne, je me dis qu'il vaut mieux être seule que mal accompagnée. Mais, en gros, j'en crève, oui !

— C'est, malheureusement, bien parti...

Et lorsqu'elle pousse l'analyse de ses échecs sentimentaux, Chantal se rend compte que Philippe, Alain et Bruno l'ont larguée parce qu'ils s'ennuyaient ferme !

Au nombre des qualités de Chantal ne figurent ni la fantaisie, ni le sens de la fête. Pas plus qu'une imagination exceptionnelle. Moyennant quoi, quand ses soupirants lui demandaient ce qu'elle désirait, ils avaient souvent droit à la même réplique :

— Je ne sais pas trop...

Ajoutez à cela une aversion réelle de Philippe, d'Alain et de Bruno pour la musique classique et vous aurez, ainsi résumées, les principales raisons expliquant les échecs des liaisons successives. Car la musique classique, Chantal, elle, elle adore. Dès qu'elle se réveille, elle branche France Musique. Dans sa voiture, elle écoute des cassettes et, chez elle, le lecteur de CD tourne en quasi-permanence. De plus, comme la demoiselle aime l'opéra, il lui arrive de chanter, ce qui, au dire de ses éphémères chevaliers servants, est particulièrement insupportable.

Ce 14 octobre 1998, Chantal Martignon passe la soirée à l'Opéra de Paris, l'un de ses endroits de prédilection. Sa mère, qui partage ses goûts artistiques, n'étant pas libre, Chantal s'y rend seule. Au moment de s'asseoir, elle se fait bousculer, involontairement, par un homme se trouvant être son voisin de fauteuil.

— Je suis profondément désolé. En fait, je me suis bêtement tordu la cheville, ce qui explique que je sois en partie tombé sur vous... Veuillez m'en excuser...

Chantal, qui n'a pas eu mal, sourit.

— Ce n'est rien, je vous assure...

Cinq minutes plus tard, l'inconnu relève la tête du programme dans lequel il est plongé.

— Je me présente : Dimitri Sgonarec.

— Enchantée... Chantal Martignon...

— Vous venez souvent ici ?

— Dès que je le peux ! En fait, s'ils acceptaient de me louer une chambre, j'y vivrais à l›année !

— C'est drôle que vous me disiez cela, car mon rêve serait de travailler dans ce merveilleux endroit. Malheureusement, je ne crois pas qu'il se réalisera un jour.

— Pourquoi ? Quelle est votre profession ?

— Je suis disquaire, spécialisé dans le classique...

— Votre univers est proche, rien n'est donc impossible...

— Et vous, vous dansez ?

Chantal éclate de rire.

— Je fais danser la paperasse ! Je suis expert-comptable...

Le début du spectacle interrompt la conversation que Chantal et Dimitri reprennent à l'entracte. À l'issue de la représentation, ils boivent un verre dans le quartier de l'Opéra.

Le jeune homme, qui doit avoir trente ans, parle autant qu'il écoute. Avant de payer l'addition, il regarde Chantal droit dans les yeux.

— J'aimerais beaucoup vous revoir...

L'envie est manifestement partagée.

— Cela ne me déplairait pas non plus !

— En dehors de la musique, j'ai une passion pour la cuisine. Mes amis prétendent même que je suis un vrai chef ! Accepteriez-vous de venir dîner chez moi, disons demain soir ?

— Avec joie !

En fait, depuis les premiers mots qu'elle a échangés avec Dimitri, Chantal a ressenti un véritable coup de foudre. Le ballet qui se déroulait sous ses yeux lui avait paru insipide et, d'ailleurs, elle n'y avait prêté qu'une attention très partielle. Durant la première partie, elle s'était essentiellement occupé l'esprit avec des réflexions exclusivement liées à Dimitri.

— Avec le bol que j'ai, il est marié et, si ça se trouve, sa femme est sur scène !

— Avec le bol que j'ai, il est homo et, si ça se trouve, son mec est sur scène !

— Il m'a fait la conversation simplement parce qu'il est poli et qu'il a failli me renverser, mais, d'habitude, les petites brunes de mon genre, il ne les remarque même pas.

— Je suis prête à simuler n'importe quoi pour qu'il continue à s'intéresser à ma petite personne.

— À la sortie, je lui demanderai l'adresse de son magasin. Et, à partir de demain, j'irai acheter un CD par jour!

Autant de réflexions et d'ébauches de stratagèmes inutiles. De retour chez elle, Chantal éprouve bien des difficultés à fermer l'œil. Et, le lendemain, elle retrouve Dimitri.

Son appartement lui ressemble : discret, sobre, meublé avec goût. Et, dès l'entrée, Chantal perçoit les notes d'un concerto pour piano de Haydn. Ça la change évidemment de ses précédents copains qui savaient à peine qu'avant d'être celui d'un chien au cinéma, Beethoven avait été le nom d'un illustre compositeur...

Dimitri se montre charmant et quelque peu empressé.

— Depuis hier, je n'ai quasiment pensé qu'à vous. La journée m'a paru interminable...

Chantal est aux anges.

— J'avoue avoir été dans le même état d'esprit...

Et, s'approchant doucement d'elle, il lui dépose un premier baiser sur les lèvres. Puis un deuxième. Avant de la serrer dans ses bras.

Dimitri est euphorique.

— En tombant sur vous à l'Opéra, je crois bien être tombé amoureux!

Et il débouche une bouteille de champagne! L'apéritif se prolonge. Les tourtereaux ne se lâchent la main que pour laisser

Dimitri cuire les filets de Saint-Pierre qu'il a préparés.

L'atmosphère est idyllique. Chantal a l'impression de voguer sur un petit nuage rose. Elle vient de s'installer à la table décorée d'un joli chandelier. Elle coupe un morceau de poisson qu'elle porte à la bouche. Elle avale, puis devient blême.

— C'est mauvais ? s'inquiète Dimitri.

— Dans la sauce, il y a des oignons ?

— Quelques-uns, oui... Pourquoi ?

— J'y suis allergique. Il faut appeler le SAMU, vite, très vite !

Dimitri plonge sur son portable pendant que Chantal est déjà au bord du malaise. Heureusement, les secours arrivent rapidement.

Dimitri ne quitte pas sa dulcinée une seule seconde. La clinique la plus proche est à cinq minutes. Chantal est incapable de prononcer un mot. Ce qui n'empêche pas Dimitri de répéter :

— Ça va ?... Ça va ?...

Chantal hoche vaguement la tête. Elle est dirigée vers le service des urgences. Dans les heures qui suivent, elle récupère normalement.

Et exprime sa désolation à Dimitri.

— Je souffre d'une allergie très aiguë aux oignons. Une infime quantité suffit pour déclencher une crise. Il y a huit ans, j'ai failli en mourir... Depuis, dès que je me rends quelque part, je ne manque jamais l'occasion de prévenir. Sauf avec toi...

Son amour pour Dimitri lui avait à ce point tourné la tête qu'il avait failli lui être fatal. Le disquaire ne lui en tint évidemment pas rigueur. D'ailleurs, avec Chantal, il fut dès lors aux petits oignons...

OMELETTE

Le coup de fusil sans addition

Quelque part en France, en 1988, une banale querelle autour d'une omelette s'est achevée tragiquement.

Deux copains prolongent l'apéro. À la suite de quoi, l'épouse de l'un d'eux s'apprête à servir une omelette cuite au beurre. Ce qui n'est pas du goût de l'autre qui déteste le beurre et n'apprécie que les plats à l'huile!

Les deux camarades s'engueulent et, pas dans son état normal, le mari de la cuisinière empoigne son fusil et tire sur son invité. Qui décède quelques minutes plus tard...

ORANGES

La dame de la peinture

Dans une journée, il n'y a que vingt-quatre heures. Même pour Giovanni Basso. Et c'est l'une des choses qui, en ce bas monde, le contrarie beaucoup. Car Giovanni Basso, quarante-huit ans, multiplie les activités au point de manquer régulièrement de temps pour les mener toutes à bien.

À Rome où il a installé ses bureaux sur deux étages d'un immeuble cossu, Basso gère une grosse entreprise de fabrication de meubles. En tout, il dirige sept cents personnes réparties un peu partout en Italie. Et, depuis cinq ans, il étend son mini-empire dans d'autres pays, la France et l'Espagne.

Giovanni Basso a sacrifié beaucoup de choses à son travail. Issu d'un milieu modeste, durant l'adolescence, il s'est mis à rêver de réussite sociale. Il voulait collectionner les signes extérieurs de richesse que ses parents n'avaient pu arborer.

Peu fait pour les études, Giovanni Basso s'est lancé assez vite sur le marché du travail. Intelligent, observateur, il a pris son mal en patience lorsqu'il devait subir des chefs qu'il jugeait sans envergure. Basso savait qu'il lui fallait être patient.

Doué pour le commerce, il s'associa avec un copain dans une boutique de chaussures. Puis avec un autre pour des jeans. Et ainsi de suite... En 1980, il comprit qu'il devait choisir un secteur et s'y tenir plutôt que papillonner. Il se mit à dessiner des meubles. Et le succès ne tarda pas à arriver.

Quinze ans plus tard, Giovanni Basso peut mesurer le chemin joliment parcouru. Il est devenu un homme riche, respecté, craint même par ses collaborateurs qu'il peut maltraiter, verbalement en tout cas. Levé à l'aube, jamais couché avant minuit, Basso entretient sa forme en réservant trois heures par semaine à la natation et deux autres au tennis.

Sa vie privée est inexistante. Marié très jeune (il avait vingt-deux ans), il a divorcé quinze mois plus tard en jugeant que cette union-là constituait une entrave à son ascension professionnelle !

Par la suite, Giovanni Basso a collectionné quelques aventures de plus ou moins longue durée. Mais, dans son esprit, il n'a jamais été question de s'attacher réellement à une femme. Quant aux enfants, il les trouve souvent sympas. Mais exclusivement pour les autres.

Il n'a jamais imaginé être réveillé la nuit par les pleurs d'un bébé, ou devant se poser des questions à propos de la scolarité d'un rejeton, ou se tracasser à cause des mauvaises fréquentations de ses chères têtes blondes.

D'ailleurs, de façon plus générale, la famille, ce n'est pas son truc. Il a perdu ses parents, qui l'avaient eu sur le tard, à la fin de la trentaine et il a pour ainsi dire oublié qu'il a deux oncles, une tante et quelques cousins restés dans sa région natale, à côté de Sienne.

Si bien que lorsqu'il apprend, au printemps de 1990, que son oncle Tonio vient de mourir à l'âge de quatre-vingt-deux ans, il n'est nullement chagriné. Un peu plus tard, il est contacté par Maître Lamberto, un notaire à Sienne, l'informant qu'il est le principal héritier du défunt, frère de son père, n'ayant pas eu de descendant direct.

L'essentiel des biens de Tonio Basso tient dans une jolie maison à trente kilomètres de Sienne, dans cette Toscane où Giovanni ne retourne pour ainsi dire jamais. Le businessman vit à Rome et, lorsqu'il part en vacances – rarement –, c'est à l'étranger, et principalement aux États-Unis.

Ce 12 avril 1990, Giovanni Basso doit faire un saut à Sienne, chez le notaire de Tonio, puis aller voir la propriété dont il a déjà décidé de se séparer. Il considère cette journée-là comme un peu perdue, car il ne connaît pas la nostalgie et n'éprouve aucune envie particulière de retourner sur la terre de ses ancêtres.

En se réveillant ce matin-là, Giovanni est néanmoins à la fois intrigué et plutôt de bonne humeur. Il a rêvé d'une dame vêtue d'une robe jaune paille portant un panier rempli d'oranges. D'une voix douce, elle lui murmurait :

— Reste un peu ici...

En racontant ce songe à sa secrétaire, Basso est visiblement sous le charme et avoue :

— Je passerais bien un moment avec elle. Mais, dommage que j'ignore qui elle est !...

En s'envolant de Rome vers Florence, Giovanni Basso se plonge dans quelques-uns des dossiers du moment. Une voiture l'attend à l'aéroport et le conduit à Sienne où il signe différents documents. Lamberto, la soixantaine rassurante, l'accompagne chez feu Tonio.

— Je ne vois plus bien à quoi ressemble cette bicoque, lui confie Giovanni sur la route. Je n'ai pas dû y mettre les pieds depuis trente ans. J'en fais le tour, nous fixons le prix et, comme vous avez mon entière confiance, je vous laisse traiter l'affaire.

Puis, regardant sa montre, il précise :

— Dans un quart d'heure, je dois être parti.

Au pas de charge, Basso entreprend la visite. Son interlocuteur, qui ne monte plus les escaliers par deux ou trois marches, le suit comme il le peut. Giovanni jette un regard assez distrait dans les pièces ; pas une seule fois, il n'a ces mots :

— Je me souviens...

Ou bien :

— Ça me rappelle...

Il répète seulement :

— On vide !

Giovanni Basso est tellement obsédé par l'avenir qu'il méprise le passé. Mais, au détour d'un couloir, sur un palier, il tombe en arrêt devant une peinture et s'exclame :

— Incroyable !

L'homme pressé s'est assis dans un petit fauteuil situé juste en face d'une jolie toile où une jeune femme vêtue d'une robe jaune paille porte une corbeille remplie d'oranges qu'elle s'apprête à poser sur la table d'un jardin.

— Qui est-ce ? interroge Basso.

L'homme de loi est incapable de lui répondre.

— Je sais seulement que votre oncle aimait beaucoup cette œuvre. C'est d'ailleurs la raison pour laquelle il venait régulièrement s'asseoir à un mètre d'elle...

Basso raconte son rêve et jure :

— C'est elle, j'en mettrais ma main au feu !

Il se dégage de cette peinture comme une invitation à l'apaisement, à la sérénité. Les yeux bleus de la dame aux cheveux blonds sont fascinants. Basso est subjugué, au point qu'il en oublie son horaire.

Après avoir observé de longues minutes de silence, il annonce :

— Je reprends cette charmante personne avec moi !

Et il poursuit sa découverte de la maison la toile sous le bras. Il marche plus lentement et se montre sensiblement plus attentif. Basso a l'air songeur. Il arpente le grand jardin dont il admire certains coins. À n›en pas douter, il est troublé.

— J'avais oublié combien cet endroit était magnifique, murmure-t-il.

Presque à regret, il prend congé de Maître Lamberto. À l'arrière du véhicule qui le ramène à Florence, il fixe la dame aux oranges. Les mots du rêve lui reviennent à l'esprit :

— Reste un peu ici...

Dans un quart d'heure environ, Basso sera à l'aéroport.

— Faites demi-tour, ordonne-t-il au chauffeur. Dans un premier temps, vous me trouvez un téléphone. Dans un second, nous retournons d'où nous venons.

En trois minutes, Basso est mis en communication avec Lamberto.

— J'ai changé d'avis ! Je ne vends plus.

Un peu plus tard, Giovanni replace le cadre où son oncle l'avait tant contemplé et s'assied à nouveau face à lui. Pour la première fois de sa vie, Giovanni Basso vient d'accepter d'être dirigé par quelque chose de totalement irrationnel. Et la sensation qui l'envahit lui procure un bien fou.

Giovanni Basso va faire de ce lieu la résidence secondaire qu'il n'a jamais cherché à acquérir, faute de temps et d'envie. Il se jure de s'y poser régulièrement, loin du tumulte dont, jusqu'alors, il se droguait. Et il tient parole. Certes, il ne vient pas aussi souvent qu'il l'avait prévu ce magique 12 avril 1990. Giovanni est également sans cesse à l'affût de renseignements sur cette resplendissante porteuse d'oranges. Il en ignorera malheureusement tout. Cette ravissante personne, née du pinceau d'un artiste anonyme, vraisemblablement dans les années vingt, conservera son mystère, celui de ses origines comme celui de son message.

P

PASTIS

Aux fous !

Souvenir conté voilà plus de vingt ans par l'écrivain Antoine Blondin à Philippe Bouvard dans *Paris Match* :

— Un jour, après m'être longuement entraîné, j'ai réussi à boire soixante et un pastis entre 11 heures du matin et 18 heures 30. Au soixante-deuxième, je suis tombé et je me suis retrouvé le lendemain à l'asile de fous. Cela a été, trois semaines durant, un séjour délicieux, car les fous ne sont jamais fous au même moment et de la même manière. Le médecin était encore plus fou que les autres : il m'a demandé de lui dédicacer mes livres !

PÊCHE

La belle voisine

Stefania Orlandi est une très belle femme et elle le sait. Un mètre soixante-cinq, les yeux verts, les cheveux noirs, la poitrine généreuse et le décolleté souvent affriolant, elle a l'art d'attirer les hommes et d'agacer les femmes.

En 1974, Stefania Orlandi vit dans une petite localité du sud-ouest de la France où elle a débarqué cinq ans plus tôt. Son vieil oncle malade avait besoin d'elle. Stefania, alors âgée de vingt et un ans, s'est montrée dévouée. Infirmière de formation, elle a été d'un grand secours pour le pauvre homme, alors incapable de se déplacer. Il est mort moins de douze mois plus tard ; Stefania étant sa parente la plus proche, c'est elle qui a hérité de la jolie maison et s'y est installée. Du coup, la demoiselle a cherché du boulot dans le coin et en a trouvé au sein d'une clinique de la ville distante de trente-cinq kilomètres.

Dans le village, on préfère savoir Stefania loin. Mais, évidemment, elle n'est pas absente en permanence. Et lorsqu'elle profite de son jardin ou bien quand elle se balade dans les rues, elle peut faire des ravages.

Dès qu'elle en a le loisir, Stefania prend un bain de soleil au milieu de sa pelouse. Chez les voisins les plus proches, les Borquier, François, dix-neuf ans, est ravi de ce charmant tableau et sympathise avec Stefania. De plus, deux des arbres fruitiers de la belle donnent de splendides pêches dont François raffole.

— Venez chez moi, lui propose-t-elle, nous les cueillerons ensemble !

Profitant d'un déplacement de ses parents – qui n'aiment pas Stefania –, François passe la clôture et est accueilli par sa ravissante voisine vêtue d'un bikini à grosses lignes bleu marine et blanc.

Ils rient et s'amusent, mangent les bonnes pêches puis, se sentant bien ensemble, échangent un baiser fougueux, puis un deuxième avant de se rouler dans l'herbe...

Manque de chance pour eux, le père et la mère Borquier, rentrés plus tôt que prévu, découvrent ce spectacle à leurs yeux affligeant et hurlent de leur fenêtre :

— François, reviens immédiatement ! C'est un ordre !

Penaud, le jeune homme bredouille quelques excuses à l'adresse de sa jolie complice, puis fuit.

Une engueulade des grands jours l'attend. Papa Borquier ne décolère pas.

— Je ne veux plus jamais te voir avec cette fille. Souhaiterais-tu nous déshonorer ? Cette aguicheuse ne désire que des aventures faciles !

Sous le choc, François risque quand même une question impertinente :

— Comment le sais-tu ?

— Parce que ça se voit, pauvre nigaud ! À dix-neuf ans, tu ignores tout de la vie ! Elle est sensiblement plus âgée que toi, et, elle, ça lui plaît de tourner la tête des gamins !

Maman Borquier a le mot de la fin :

— Heureusement que tu pars bientôt à Bordeaux pour étudier...

Dans les jours qui suivent, François tente discrètement de prendre contact avec Stefania, mais il n'y parvient pas. La superbe infirmière doit être prise par son travail. Il se résout à glisser un mot dans sa boîte aux lettres.

“Chère voisine,

Je suis désolé d’avoir dû partir si précipitamment l’autre jour, mais vous vous êtes sûrement rendu compte que ça ne rigole pas chez moi ! J’aurais aimé vous retrouver. Hélas ! Je vais quitter la région pour de longues semaines. À bientôt, j’espère. Et merci pour les pêches ; je n’en ai jamais mangé d’aussi délicieuses.”

Le mot reste sans réponse et, comme prévu, François Borquier s’en va. Inscrit à une école de commerce, il se plonge dans les cours, mais, régulièrement, il repense à Stefania, à ses courbes affriolantes, à sa gentillesse, à sa simplicité, qui lui avaient procuré tant de plaisir.

Il ne revient sous le toit familial qu’en novembre, à la faveur des vacances de la Toussaint. Dans le courant de la première soirée qu’il y passe, son père annonce triomphalement :

— L’encombrante Stefania a enfin dégagé ! Elle a déménagé en une semaine et elle a vendu la maison !

François devient blême.

— Et... et où est-elle allée ?

— Tu comprends que je m’en moque !

Tant bien que mal, le garçon dissimule son trouble. Le lendemain, il se renseigne dans les alentours, mais personne ne peut lui en dire davantage sur ce départ précipité.

Les années passent, quatre exactement. François Borquier n’est plus étudiant. Il a trouvé un job de vendeur d’encyclopédies en fascicules ensuite reliées en volumes, l’une généraliste, l’autre, consacrée au cinéma. Son créneau : le porte à porte.

Début juillet 1978, François œuvre à Biarritz, pensant qu'entre les résidents et les touristes, il a des chances de réaliser un bon chiffre d'affaires.

Le 7 juillet en début d'après-midi, il fait très beau et plutôt chaud quand François pénètre dans une résidence de taille modeste aux briques blanches. Il y repère six sonnettes. Il commence par la première et, via le parlophone, expose le but de sa visite. Une voix très douce l'invite à monter au premier étage. Lorsque la porte s'ouvre, François reste bouche bée. En face de lui, Stefania Orlandi, en bikini jaune pâle, lui décoche son sourire le plus enjôleur.

— Ça alors! s'exclame-t-elle, mon ancien voisin! Qu'est-ce qui vous amène?

Borquier en perd ses moyens.

— Mais... mais que faites-vous ici?

La jeune femme éclate de rire.

— Je suis chez moi! J'étais allongée sur ma terrasse en somnolant quand vous m'avez réveillée...

— Je... Je suis dé... désolé...

— Il ne faut surtout pas! Je suis ravie que vous fassiez ainsi irruption! Entrez!

François découvre un appartement très clair, décoré avec goût et sobriété.

— Asseyez-vous! lance Stefania en lui désignant le divan. Qu'est-ce que vous buvez?

— Un jus d'orange, si vous avez...

Quelques secondes plus tard, elle lui apporte un verre, le regarde, comme attendrie.

— Ce hasard est fou ! Vous savez que je ne vous ai jamais oublié ?

— Moi non plus, précise François.

— Vos parents me détestaient. Comme tous les gens du village, d'ailleurs. Si bien que lorsque j'ai appris qu'un poste d'infirmière se libérait à Biarritz, je n'ai pas hésité. J'ai été engagée illico presto et je me suis éclipsée aussi vite. Je ne supportais plus d'être épiée et critiquée... Pourquoi ? Je n'ai jamais pigé...

— Parce qu'on ne vous pardonne pas votre beauté. Et la façon que vous avez de la mettre en valeur...

François, transpirant dans son complet et ayant l'impression d'étouffer sous le nœud de sa cravate, tenue qu'il s'impose "pour faire sérieux" auprès des clients, demande à Stefania l'autorisation de se mettre à l'aise. Pour y contribuer, elle décide :

— On va se tutoyer ! Raconte-moi ce que tu deviens...

Lorsque François en a fini avec son évolution scolaire et professionnelle, Stefania l'interroge.

— Et... tu as une petite amie ?

— Pas encore ! À Bordeaux, je suis bien sorti avec une fille deux ou trois mois, mais ce ne fut jamais sérieux...

Il jette machinalement un coup d'œil à ses encyclopédies posées sur la moquette et qui n'intéressent visiblement pas Stefania.

— Et toi ? Tu es fiancée, mariée ?...

Elle secoue la tête en faisant non.

— J'ai eu deux aventures qui se sont mal terminées. Depuis huit mois, je suis seule...

Quelques secondes de silence, puis :

— Tu te souviens comment notre après-midi de 1974 avait débuté ?

— En mangeant des pêches délicieuses!

— Sur la table de la salle à manger, dans le grand plat blanc, il n'y a que ça: des pêches!

Elle se lève, en prend quatre, va chercher des assiettes dans la cuisine et propose à François de les partager. Ils les savourent, petit morceau par petit morceau. Ils sont éblouis par leurs retrouvailles, s'embrassent fougueusement avant que Stefania ne tende la main à son ami.

— Je n'ai plus d'herbe dans laquelle nous pourrions nous rouler... En revanche, je possède un lit bien plus douillet que le verger d'autrefois... Viens...

Environ une heure plus tard, François jurait à Stefania que, désormais, ni ses parents, ni les jaloux, ni un brusque déménagement ne pourraient les séparer.

Il ne la quitta plus et décréta qu'une histoire qui avait démarré sous un pêcher pouvait, contrairement aux grands principes de sa famille, se poursuivre dans le péché...

PENNES

Le client mystérieux

7 mars 1996. Du fond de la salle, Veronica Berboro sourit. Elle ne connaît pas le client qui vient d'entrer dans le restaurant, mais on dirait qu'elle est réellement contente de l'accueillir. Et c'est ainsi de très nombreuses fois par jour depuis un peu plus de deux ans.

Veronica Berboro est naturellement avenante et ne se force pas pour être agréable aux autres. Elle a été une enfant et une adolescente facile, souvent prête à rendre service et n'ayant causé que peu de problèmes à ses parents.

Après avoir effectué des études afin de devenir hôtesse de l'air, Veronica s'est rendu compte à quel point Rome, la ville dans laquelle elle a toujours vécu, lui manquait. Et combien les voyages en avion la barbaient !

Après avoir constaté que la lassitude était réelle, la jeune femme avait décidé qu'il était urgent de réorienter sa vie professionnelle. Dans quelle direction ? Elle l'ignorait. Un jour, en se baladant, elle vit une carte discrètement posée sur la vitrine d'un restaurant : "Cherchons serveuse entre 20 et 30 ans. Renseignements à la réception."

Veronica n'avait jamais mis les pieds dans l'établissement, mais l'apparence de celui-ci lui plut. Elle se présenta à un homme d'une quarantaine d'années, une bonne tête et le bide quelque peu proéminent. En dix minutes, elle était engagée. Le courant passa tellement bien que Sergio, le patron, ne crut pas nécessaire de proposer à Veronica de venir s'imprégner du job avant de débuter.

Il ne se trompait pas. Une semaine plus tard, la demoiselle prenait son premier service en duo avec Rebecca, dans la maison depuis cinq ans, et, d'entrée de jeu, se montrait très à la hauteur de la tâche.

Et pourtant, Veronica avait eu droit à un baptême du feu particulièrement brûlant !

Un groupe de vingt touristes avait débarqué en même temps qu'une quinzaine d'autres personnes ! Il avait fallu prendre les commandes à la chaîne, réceptionner les assiettes en cuisine et les verres au bar en satisfaisant tout le monde à la fois !

Sergio et ses deux employées n'avaient pas eu une seconde de répit. À aucun moment, Veronica n'avait manifesté de stress, de la panique ou de l'agacement. Il y avait néanmoins eu quelques cafouillages. Lorsqu'elle s'était sentie paumée, ce qui était forcément arrivé, elle avait posé une question ; elle avait rapidement compris et n'avait jamais perdu ce sourire illuminant son joli visage.

À vingt-deux ans, Veronica ne savait pas si elle avait trouvé sa voie – il était un peu tôt pour se prononcer –, mais, à l'issue de cette journée agitée, elle fut, tout aussi certaine que Sergio, qu'ils pourraient effectuer ensemble un bout de chemin. Les mois suivants avaient confirmé la bonne impression réciproque.

De plus, Veronica plaît à la clientèle et il n'est pas rare que des messieurs la draguent de façon plus ou moins discrète. Diplomate, Veronica est capable de remettre les plus encombrants à leur place. Discrète sur sa vie privée, elle a un jour avoué à Sergio, qui la cuisinait (normal dans son job) gentiment, qu'elle avait vécu une grande histoire d'amour s'étant mal terminée par la faute de son ex-partenaire. Depuis, elle était un cœur à prendre.

Ce 7 mars 1996, Veronica s'avance vers un homme d'une soixantaine d'années qui précise d'emblée :

— Je serai seul.

Il jette un coup d'œil sur la carte et avec l'air des gens sachant ce qu'ils veulent, il appelle :

— Mademoiselle ! Je voudrais les pennes aux quatre fromages. Avec un verre de vin rouge léger.

Il se plonge ensuite dans la lecture d'une gazette qu'il vient de sortir de la poche de sa veste en coton bleu ciel, assortie à sa chemise et à sa cravate. Il émane de ce monsieur une élégance naturelle. Ses cheveux gris ondulés impeccablement peignés et ses petites lunettes à monture dorée accentuent le côté gravure de mode pour magazine senior !

Tout en parcourant son journal puis en mangeant, le client observe Veronica. Lorsque celle-ci lui apporte l'addition, il exprime sa satisfaction.

— Le repas était excellent ! Et votre grâce sans doute inégalable...

Habituée aux compliments, Veronica n'a cependant jamais entendu celui-là. Généralement, il faut bien reconnaître que les mecs sont plus plats avec elle, même, et surtout s'ils essayent de ne pas l'être. Alors, ça donne :

— Une nourriture apportée par une aussi belle fille ne peut pas être mauvaise !

Ou bien :

— Moi, je ne prends rien ; je vous dévore des yeux, cela me suffira !

Ou alors carrément lourd :

— Vous êtes comprise dans le montant de la note ?

Contrairement aux ploucs, l'inconnu ne l'a pas non plus scrutée de la tête aux pieds en s'attardant sur les courbes harmonieuses de son anatomie. En se levant, il annonce :

— Je reviendrai demain !

Et, effectivement, vingt-quatre heures plus tard, il réapparaît, cette fois dans un complet beige, salue Veronica et entame même une conversation avec elle.

— Comment allez-vous aujourd'hui ?
— Très bien. Vous avez tenu votre promesse, j'en suis ravie...
— Je tiens toujours mes promesses. Comme votre carte,

d'ailleurs ! J'ai tellement aimé les pennes aux quatre fromages que je vais me laisser à nouveau tenter par elles !

À chaque fois que Veronica s'approche de lui, il a un mot gentil à son égard et, quand il a avalé le café, il prévient :

— Vous me reverrez demain !

Voulant lui être agréable, Veronica lui réserve la table où il s'est assis deux fois. Geste qu'il apprécie. Et après avoir survolé les suggestions, il décrète :

— Je m'en tiendrai aux pennes qui me réussissent à merveille !

Discret, poli, aimable, le sexagénaire se sustente, échange des bribes de discussion avec Veronica, puis s'en va en lançant :

— À demain !

Pour le quatrième jour consécutif, cet être raffiné et délicat – qui arbore un blazer bleu marine et un pantalon blanc – se régale des pennes aux quatre fromages et de son verre de vin rouge. Mais dès qu'il a achevé le repas, il profite d'un moment où Veronica est très occupée pour se lever. Il s'approche d'elle en douceur et murmure :

— J'ai posé sur la table un paquet à votre intention. Je file. Soyez heureuse !

Et il s'éclipse. Intriguée, Veronica expédie ce qu'elle a à faire, s'empare du cadeau et disparaît dans le vestiaire réservé au personnel. Elle déchire l'emballage et découvre un petit coffre : il est bourré de billets de banque ! Rien que de grosses coupures ! Au-dessus d'elles, une feuille d'un épais et beau papier jaune pâle pliée en quatre. Et des mots bouleversants :

"Chère Mademoiselle,

En votre compagnie, j'ai passé de délicieux instants durant ces quatre jours. Vous êtes ravissante, sympathique, distinguée.

Bref, à mes yeux, vous ne possédez que des qualités.

J'ai voulu faire un geste à votre intention et vous laisser un souvenir de mon passage. Je ne vous demande rien d'autre que de l'accepter. C'est à ce point vrai que vous ne connaissez pas mon nom, que vous ne le connaîtrez jamais et que, sauf si un incroyable hasard s'en mêlait, nous ne nous rencontrerons plus. Je n'habite pas Rome et, dès ce soir, je l'aurai quittée.

Je souhaite que cet argent vous aide à avoir, demain ou plus tard, l'existence que vous méritez. Je n'oublierai pas votre douce image. Restez-y fidèle ! Je vous salue amicalement."

Il y avait dans les mains de Veronica l'équivalent de 25.000 euros. Conformément à ce qu'il avait écrit, le généreux donateur ne se manifesta plus jamais. Tourneboulée par ce geste totalement désintéressé, Veronica crut quelquefois apercevoir le mystérieux client au coin d'une rue, dans un cinéma ou au milieu d'une foule. Ce ne furent qu'illusions et espoirs déçus.

Longtemps, chaque fois qu'elle entendit "des pennes aux quatre fromages", elle fixa un peu tristement la personne qui venait de les lui commander. Car aucune d'elles n'eut jamais le charme de l'énigmatique visiteur du mois de mars 1996...

PETIT PAIN AU CHOCOLAT

Sieste trop longue

Darry Cowl joue alors *Le fil à la patte* de Feydeau, et il arrive un soir largement en avance dans sa loge. Il enfile son costume, mange un petit pain au chocolat, puis s'endort. Brusquement, il sursaute. On frappe à sa porte. Et il entend :

— Darry ! Qu'est-ce que tu fais ? Tu as raté ton entrée ! On a dû baisser le rideau ! Fonce !

PIZZERIA

La manche à Namur

Fin septembre 1965. Un jeune Hollandais de vingt et un ans, Wouter Levenbach, et son ami Joost voguent à bord de leur vieux bateau, le "Justus", dont la construction remonte à 1914. Ils ont quitté Amsterdam et sont partis en direction de la Belgique. Ils admirent les paysages et sont gonflés à bloc. En voguant sur les flots, ils ont même l'impression que le monde leur appartient. Wouter Levenbach et son ami Joost se retrouvent à Liège où leur rafiot est tellement en mauvais état qu'ils sont obligés de faire escale.

Sans le sou, les garçons retombent, non pas dans l'eau, mais sur terre. Les réalités sont brutales. Wouter et Joost se rendent compte qu'ils vont devoir faire face à des frais dont ceux, très courants, de la vie quotidienne. Mais, pour eux, c'en est déjà trop. Ce n'est pas que leur budget soit limité : il est presque inexistant !

Alors, ils songent à faire la manche. Ce serait la solution pour glaner un peu d'argent. Mais, voilà, il faut avoir le cran de franchir le pas. Et leur éducation bourgeoise – en même temps que leur timidité – les en empêche. Ils hésitent encore...

Heureusement, ils rencontrent des mariniers qui leur donnent un coup de main. Et des Liégeois les prenant en sympathie les invitent à se laver et à manger chez eux.

Mais, un peu plus tard, à Namur, les mêmes problèmes se posant, Wouter s'arme de courage et entre dans une pizzeria. Il demande au patron s'il peut chanter. Le type accepte et, avec un répertoire réduit – quatre titres dont le célèbre *Yesterday* des Beatles –, Wouter Levenbach se lance à la conquête du public. Et ça marche plutôt bien!

À l'issue de la "représentation" improvisée, le propriétaire des lieux offre un repas à l'artiste!

Celui qui chante et qui vient ainsi de débuter sous le signe de la pizza made in Belgium va triompher à partir de 1974 dans les hit-parades avec un premier tube, *Trop beau*, adaptation d'un titre du groupe anglais les Rubettes, *Sugar baby love*. Il optera pour un pseudonyme: Dave...

POIREAU

Poileau, c'est mieux?

Albert s'appelle Poireau. Comme son père et son grand-père, notamment. Cela le console un peu, car, à onze ans, il se dit évidemment qu'il n'est pas tout seul. Mais, bien sûr, s'il avait pu choisir, il aurait opté pour quelque chose de moins difficile à porter.

Car, quand on se nomme Poireau, on n'échappe pas aux quolibets. Ni aux coups de fil de plaisantins se marrant de leurs bêtises, essentiellement parce que croyant être les premiers à les proférer!

— Alors, Poireau, t'as pas mis tes bottes aujourd'hui?

— Hé, Poireau, on te repique quand?

— T'as vu à la cantine? C'est ta soupe!

— Le plat manque de poireaux! Coup de chance, on en a un sous la main!

— Plus tard, tu comptes épouser une tomate ou une carotte?

Bref, rien n'est épargné au pauvre Albert qui, selon son humeur, encaisse plus ou moins bien les coups.

Il pense qu'en grandissant, il va se faire à son patronyme et que, finalement, à force de l'entendre, les autres ne le remarqueront plus. C'est vrai et faux. Vrai pour les gens qui le connaissent depuis longtemps. Faux pour ceux qui le découvrent, ou bien pour les farceurs à la recherche de noms pouvant faire rigoler!

Devenu jeune adulte à la fin des années soixante, Albert nourrit un véritable complexe à cause de son nom, Poireau. Si bien qu'il est quasi gêné de décliner son identité. Alors, parce que la loi autorise les modifications patronymiques, et après en avoir longuement discuté avec le reste de sa famille qui ne souffre pas nécessairement aussi intensément, Albert est prêt à payer pour changer une lettre!

Il passe en revue diverses éventualités et en retient quelques-unes. Il choisirait volontiers Poineau, mais y renonce parce que ça fait "moineau". Il y a aussi Poureau, mais Albert craint le voisinage de "pourri". Alors, de façon curieuse, il s'emballe pour "Poileau". Et, plutôt fier, il explique même:

— On croirait entendre Boileau, le célèbre écrivain français! Quel prestige!

Albert introduit la demande et, bientôt, est officiellement rebaptisé Poileau.

Le garçon est heureux. Jusqu'à la première remarque dont il est victime:

— Poileau... Poileau quoi exactement?...

Tout ça pour ça...

POIRES

Il faut beaucoup de patience...

Antoine Viroin, six ans, demande un jour à sa grand-mère :

— Moi, je voudrais bien un poirier !

La vieille dame, dont le jardin est de jolies dimensions, possède déjà deux pommiers, un noyer, des noisetiers, un cerisier, un pêcher. Mais, malheureusement pour Antoine, point de poirier !

Elle lui répond :

— C'est tout simple : tu choisis une place, tu enfouis quelques pépins dans la terre et tu finiras par voir pousser un poirier !

Le gamin ne se le fait pas dire deux fois. Il mange une poire, en garde les pépins, court vers le fond de la propriété, sélectionne un endroit, creuse un peu le sol et y dépose ce qu'il considère comme étant des graines.

La semaine suivante, lorsqu'il revient chez sa grand-mère, Antoine est déçu de ne rien voir sortir ! Autour de lui, on a beau lui expliquer qu'il faudra longtemps avant d'obtenir un résultat, Antoine ne peut s'empêcher d'être impatient.

Pendant quelques semaines, le poirier fait partie des sujets de préoccupation du gamin. Si bien qu'il enterre d'autres pépins en espérant que ceux-ci lui donneront plus vite satisfaction que les précédents.

Au bout de cinq mois, Antoine est traumatisé par la mort brutale de sa grand-mère. Dans la foulée, son père décide de mettre la propriété de la défunte en vente. Le jour où elle trouve preneur, Antoine ressent un autre pincement au cœur.

— Mon poirier, je ne le verrai jamais...

Nous sommes alors en 1923, quelque part dans l'ouest de la France. Les années passent. Antoine Viroin quitte sa région natale. Il habite successivement dans l'Est puis dans le Midi, avant que son travail ne lui offre la possibilité de s'installer aux États-Unis pendant près de dix ans.

1967. Antoine Viroin, qui vient de fêter son demi-siècle, est de retour dans l'Hexagone dont il a la nostalgie. Ses affaires sont prospères et il cherche à investir. Il revient dans le coin où il a grandi. Il n'y a pas mis les pieds depuis vingt-huit ans précisément. Avec son épouse américaine et leurs deux enfants, il sillonne les petites routes dont l'une le conduit vers la maison qui appartint à sa grand-mère.

À dix mètres de là, il aperçoit un panneau “À vendre”. Antoine y voit un signe du destin.

— Ce serait fabuleux de récupérer cette bicoque ! s'exclame-t-il devant ses proches. On va demander à la visiter.

Le lendemain, ému et heureux de fouler à nouveau les sentiers sur lesquels il courut tant autrefois, Antoine montre à sa famille ce qui, dans ses rêves, est resté un bout de paradis. La réalité est quelque peu différente. D'autant que le domaine n'a plus été entretenu depuis un certain temps. La végétation pousse n'importe où et n'importe comment.

Antoine s'en moque. Il trouve le prix exigé élevé.

— Mais il y a moyen de négocier, a prévenu l'agent immobilier.

Puis, juste après les pommiers et le noyer qu'il reconnaît et qui n'ont plus nécessairement fière allure, Antoine s'arrête brusquement.

— Celui-là n'était pas ici naguère...

Nous sommes à la fin du mois d'août et l'arbre porte de beaux fruits. Des poires!

Antoine fouille ses souvenirs, puis se tape la main sur le front.

— Mon poirier! C'est mon poirier!

Et de raconter aux siens son obsession d'enfant en ajoutant:

— Ma grand-mère avait raison: il fallait être patient, très patient!

Ses propres enfants, des adolescents, ont un sourire entendu et doutent que le poirier fût né des plantations paternelles des années vingt. Mais Antoine était tellement heureux en croyant à sa belle histoire qu'ils ne voulurent pas le détromper...

Un peu plus tard, après une négociation durant laquelle il ne chipota pas, Antoine Viroin acquit la demeure et se promit de ne plus jamais se défaire de "son" poirier...

POISSONS

Le pêcheur péchait

Madeleine Bouliot, cinquante ans, les cheveux blonds et quelques kilos superflus, ouvre le télégramme arrivé quelques secondes plus tôt. En le lisant, elle devient blême et appelle:

— Martine! Martine!

Sa fille de dix-neuf ans, aussi blonde que Madeleine, mais plutôt maigre tellement sa ligne est chez elle une obsession, descend les escaliers du premier étage au rez-de-chaussée en courant.

Madeleine a les larmes aux yeux.

— Un drame affreux...

Et elle tend le courrier à Martine, qui apprend à son tour que ce 18 août 1967, François Cordenec, son petit ami, est mort en mer. Il avait vingt ans.

Retour en arrière. Quelque part sur la côte bretonne, dans un bistrot où Martine boit un jus de fruit en compagnie d'une amie, un jeune homme entre, s'installe au bar et commande une bière. Juché sur un tabouret, et tout en avalant sa boisson à grandes gorgées, son regard croise celui de Martine. Ils se sourient. Puis le gars s'en va.

Exactement trois semaines plus tard, la même scène se reproduit. Le garçon demande sa pression et, juste après, aperçoit Martine. Mais il va plus loin.

Il s'approche d'elle et se présente.

— François Cordenec. J'ai l'impression de vous avoir déjà vue ici...

— Vous avez bonne mémoire. Enchantée. Moi, je m'appelle Martine Bouliot.

Il doit mesurer un mètre soixante-quinze, a les yeux et les cheveux bruns et un petit quelque chose de James Dean qui ne déplaît pas à Martine.

Ce jour-là, François, marin pêcheur de profession, est pressé mais, entreprenant, il propose un rendez-vous à Martine qui accepte sans l'ombre d'une hésitation. Et, ce soir du 7 novembre 1966, ils échangent leur premier baiser.

Au fil des mois, Martine s'emballe. Elle découvre notamment le métier de son ami, se passionne pour la pêche. Il lui arrive régulièrement d'attendre François au port et de contempler ces milliers de poissons remplissant les filets. Fille du littoral,

Martine se sent particulièrement dans son élément et s'imagine bien épouse de marin.

Le plus souvent possible, elle se gave des fruits de la pêche de François. Quel bonheur de retrouver l'homme qu'on aime autour d'un bon plat ! Fin gourmet, François donne l'impression d'apprécier également ces moments privilégiés. Mais lorsque, avec un rien d'impatience, Martine lui suggère l'organisation de fiançailles, le jeune homme tempère son enthousiasme. Il demeure vague, ce qui peut paraître normal pour un gars travaillant en mer...

— On verra ça après l'été...

Puis, le rêve s'était brutalement interrompu le 18 août 1967. Ce jour-là, François devait dîner chez Martine. Il y aurait eu du turbot comme il l'aimait.

Martine et sa maman ignorent que, environ un mois plus tôt, affectivement, le marin avait déjà mis les voiles...

Tout a commencé par une question.

— Je peux vous demander votre pointure ?

La vendeuse, une jolie brune aux yeux verts, avait un sourire qui, auprès des messieurs, devait lui permettre d'écouler assez aisément deux chaussures de couleurs et de modèles différents. François Cordenec ne fit pas exception puisqu'il lança :

— Quarante !

Avant de corriger :

— Non, plutôt quarante-deux...

La demoiselle eut l'air de s'amuser de la confusion de son client. En glissant la boîte en carton dans le sac en plastique, elle consentit à révéler son prénom : Florence. Ce 20 juillet 1967, il était alors 11 heures 40.

Vers 18 heures, François revint aux abords du magasin. Il guetta la sortie de Florence en jouant – mal – à celui qui passait là par hasard. Assez facilement, elle le suivit au bistrot d'à côté. Et finalement, elle ne quitta pas le don Juan avant le lendemain matin.

Florence, grande rousse de vingt-deux ans, avait tout pour plaire à François. Son humour et une sorte d'insouciance l'avaient peut-être encore davantage séduit que ses mensurations de mannequin. Rien ne semblait inquiéter Florence, qui menait une existence bohème. L'anti-Martine Bouliot qui avait dû avaler un métronome tellement elle était pointilleuse sur les horaires et l'organisation! Chez cette dernière, rien n'était jamais laissé au hasard, ce qui pesait de plus en plus à François, qui ne se sentait à l'aise que dans l'improvisation.

Pendant quelques semaines, il mena une double vie. Prétextant un surcroît de travail, il espaça ses rencontres avec Martine. Mais il mentait aussi à Florence.

Lorsque celle-ci voulut partir en Provence pour le 15 août, Cordenec ne résista pas. Un bref séjour dans le Sud lui fit prendre conscience qu'avec Martine, il étouffait. Il lui aurait suffi de l'avouer à l'intéressée et de tourner la page.

Mais ni franc ni très malin, Cordenec ne savait comment échapper à la demoiselle Bouliot. Il finit par trouver une solution à son image: particulièrement tordue…

Ce 18 août 1967, assommée par le chagrin, Martine forme le numéro de téléphone de la mère de François.

— Je voulais vous dire que je pense beaucoup à vous…

À l'autre bout du fil, Viviane Cordenec s'étonne.

— C'est gentil, mais pourquoi donc?

Son ton étant plutôt guilleret, Martine comprend qu'elle n'a pas été mise au courant de la tragédie, et lui annonce, avec un certain ménagement, que son fils a péri en mer...

— C'est une plaisanterie? interroge-t-elle.

— J'aimerais bien, se lamente Martine, mais, hélas, François n'est plus...

— Écoutez, ma petite, je crois que vous délirez. Allez vous coucher et on se reparlera ensuite. D'accord?

La demoiselle ne désarme pas.

— Le télégramme est formel: François Cordenec s'est noyé hier matin!

Viviane, bouchère de son état, femme imposante à qui il serait malvenu de marcher sur le pied, sauf à vouloir chercher des ennuis bêtement, est d'une logique implacable.

— Alors, c'est qu'il existe un autre François Cordenec. Car mon fils, lui, cela ne fait même pas dix minutes qu'il a franchi ma porte...

Et pour se débarrasser de Martine, Viviane explique:

— J'ai du monde. Je vous rappelle...

Comme, en réalité, il n'y a pas un chat de l'autre côté du comptoir, Mme Cordenec réfléchit. Pour elle, il ne fait aucun doute que François est vivant. Et d'ailleurs, s'il était décédé, ce n'est évidemment pas Martine que l'on aurait prévenue, mais elle-même.

Alors... Reste une hypothèse: et si le fiston s'était encore embarqué dans l'un de ces bobards dont il a le secret?

C'est que Viviane a encore en mémoire certains d'entre eux

avec lesquels elle et feu son mari avaient dû se dépatouiller. Le premier ne datait pas d'hier. François avait douze ans et, afin de fuir la visite médicale qui l'effrayait, il avait affirmé à l'instituteur :

— Je ne pourrai pas venir cet après-midi. Cette nuit, mon papa a eu une crise cardiaque. Et maman a besoin de moi à l'hôpital...

L'enseignant s'était incliné devant ce cas de force majeure. Et, en sortant de l'école, il avait effectué un détour par la boucherie Cordenec afin de prendre des nouvelles. Le paternel se portait tellement bien qu'il avait été capable de couper, peser et emballer six tranches de jambon cuit !

Finalement, en grandissant, François n'était pas devenu plus courageux.

Viviane enlève son tablier, enfile une veste et hèle Francis, son apprenti.

— Je sors. J'en ai environ pour une heure...

Un court trajet – dix minutes en voiture – sépare son domicile de celui de son fils. Qui, Viviane le sait, est en congé aujourd'hui. Elle a donc toutes les chances de mettre la main dessus.

Lorsqu'elle fait irruption dans son appartement, François réalise que sa mère n'a pas déserté son commerce en pleine journée pour lui déposer un baiser sur le front.

— Allons droit au but, mon petit bonhomme. Un seul mot : télégramme ! Qu'est-ce que tu en dis ?

Apparemment, rien. François baisse la tête. Pas suffisamment pour éviter la paire de gifles – bien sonores – que Viviane lui administre. Cordenec junior est secoué.

— Tu es folle ! Tu pourrais me faire mal !

— Et toi, avant de monter ton nouveau coup foireux, tu as pensé à ce que ressentirait Martine ?

— C'est de sa faute ! Elle me collait trop, je ne parvenais pas à m'en débarrasser !

— Alors, avec le cran et le panache que te caractérisent, une fois de plus, tu as fui !

Et, avant de tourner les talons, Viviane ajoute, le regard triste :

— J'ai honte d'être la mère d'un lâche...

Un peu plus tard, elle appelle Martine et lui raconte tout.

— C'est dur à entendre, d'accord... Mais vous allez vous en remettre. Et dites-vous bien que François ne méritait pas une chouette fille comme vous...

Il est vrai qu'un pêcheur qui pose des lapins, ça ne faisait franchement pas sérieux...

Le désespoir de Vatel

"Vatel, le grand Vatel, maître d'hôtel de Monsieur Fouquet qui l'était présentement de Monsieur le Prince, cet homme d'une capacité distinguée à toutes les autres, dont la bonne tête était capable de soutenir tout le soin d'un État, cet homme donc... voyant à huit heures ce matin que la marée n'était point arrivée, n'a pu souffrir l'affront qu'il a vu qui l'allait accabler, et en un mot, il s'est poignardé."

C'est Mme de Sévigné qui écrit ces mots le 24 avril 1671, jour où le roi Louis XIV doit rendre visite à son cousin, le Grand Condé, au château de Chantilly. Se rendant compte qu'il n'y aura pas suffisamment de poisson – et nous étions vendredi, jour impérativement maigre –, Vatel comprit que sa réputation était à jamais compromise et il se suicida.

En 1978, dans *L'Histoire à table*, André Castelot écrivait :

"Ce fait divers, magnifié par la prose de la marquise de Sévigné – "on dit que c'était à force d'avoir de l'honneur ; on loua et blâma son courage" –, a pris des proportions extraordinaires. Certains cuisiniers eux-mêmes s'offusquent de cette gloire posthume de Vatel. Car, enfin, n'a-t-il pas manqué de sang-froid, première vertu du cuisinier ?"

POMMES

Tomber dedans

L'expression "tomber dans les pommes" vient sans doute d'une lettre que George Sand adressa à Mme Dupin. Elle lui disait "être dans les pommes cuites", c'est-à-dire très fatiguée. À l'époque, la tomate étant un fruit de luxe, les pommes cuites pouvaient voler dans les théâtres lorsque les spectateurs étaient mécontents des artistes présents face à eux sur la scène. Mais, quelquefois, des sacripants employaient des pommes crues...

POMMES DE TERRE (PURÉE DE)

Oui, M. le Président !

À un dîner organisé par le P.-D.G. de l'ORTF, M. de Bresson, la productrice Maritie Carpentier, seule femme présente, était placée à la droite du maître de cérémonie. À un moment, voulant montrer qu'elle était d'accord avec son illustre voisin, elle secoua la tête et vit sa boucle d'oreille gauche atterrir dans l'assiette de purée du président! En présentant des excuses, la malheureuse partit ensuite à la recherche de l'objet rebelle qu'elle finit par récupérer...

POULET

L'heure, c'est l'heure !

Le 31 mai 1980, Juan Valorès s'est senti un autre homme. Ce jour-là, il a enfin accédé à une retraite à laquelle il aspirait depuis quelques années. Fatigué, usé par son boulot de comptable dans une usine de la banlieue de Madrid, il rêvait d'une autre vie.

Et, dès le 1er juin, il s'est mis à l'organiser. Car, dans l'esprit de Juan Valorès, tout s'organise, même une existence de retraité. Et attention : pas question de prendre des libertés avec les horaires ! Esperanza, l'épouse de Juan, l'a appris à ses dépens.

Un jour du mois d'août 1980, elle est allée rendre visite à une amie avec qui elle avait tant bavardé qu'elle est rentrée à son domicile à 20h10. Juan était dans tous ses états.

— Tu ne te rends pas compte ! Je m'inquiétais et, surtout, je crève de faim ! Et je te rappelle que le dîner est fixé à 20 heures !

Esperanza a cru à un mouvement de mauvaise humeur, mais, par la suite, parce qu'elle avait rejoint son mari à 15h40 au lieu de 15h30 dans un bistrot où ils s'étaient donné rendez-vous, Juan a de nouveau hurlé.

— Tu as vu l'heure ? Cela fait dix minutes que je glande ! C'est inadmissible !

Bref, la retraite n'avait nullement changé Juan Valorès. Tyrannique il avait été, tyrannique il demeurerait. En fait, cet homme-là avait loupé sa vocation : il aurait été un remarquable chef de gare ! Avec lui, aucun train ne serait jamais parti en retard.

S'ennuyant plus souvent qu'il ne l'avait prévu en mettant fin à sa carrière, Juan s'est imposé des activités qu'il a notées sur une sorte de tableau de service punaisé dans la cuisine.

Juan, qui n'a jamais fait preuve de la moindre fantaisie, a également décrété que, en bon catholique qu'il prétend être, il mangera du poisson le vendredi ! Dans la foulée, il a décidé que le lundi serait dévolu aux spaghettis, le mercredi au poulet rôti, le samedi au steak frites, etc.

Et, comme pour les horaires, aucune latitude ne sera laissée à Esperanza. Gare à la moindre incartade !

Cette obsession des conventions, ne tenant qu'à sa seule volonté, assombrit de plus en plus le caractère de Juan qui, sans l'avouer, est certainement déçu par la retraite. En fait, le malheureux se la pourrit.

Le 24 septembre 1982, sans l'avoir prévu ni même pressenti, Juan Valorès va parvenir au bout d'un système hautement ridicule.

Ce mercredi-là, jour du poulet, donc, il se rend à la banque où il doit faire signer un document. Lorsqu'il pénètre dans la petite agence proche de son domicile, sept personnes font la file. Juan en est agacé. Il consulte sa montre : midi sept. Deux guichets sont alors ouverts. Mais, huit minutes plus tard, une employée ferme le sien.

— Ça alors ! s'exclame Juan d'une voix forte. Il y a du monde et vous partez ?

Sûre d'elle, la dame réplique :

— Parfaitement, monsieur ! Il est midi quinze et mon service est terminé !

Juan ronchonne dans son coin, tout en constatant que cinq clients doivent encore être servis avant lui. Dans sa tête, les choses sont claires.

— Si je ne passe pas tout de suite, je ne serai pas à l'heure pour mon poulet rôti qui sera peut-être carbonisé ! Impensable !

Alors, Juan empoigne le couteau à cran d'arrêt qu'il a toujours dans la poche de sa veste (pour se défendre en cas d'agression) et menace les gens le précédant. Il est comme fou !

— Planquez-vous tous, sinon il va vous arriver des bricoles !

Terrorisés, les cinq autres se collent contre le mur, certains en poussant des cris. Puis, parvenu devant l'employé, Juan, les yeux exorbités, hurle :

— Vous signez ça, et vite ! Mon poulet m'attend !

En face de lui, le type n'a nullement été impressionné. Il a déclenché l'alarme et, dans les cinq minutes, la police était sur place. Juan a encore gueulé, frôlant même la crise de nerfs. Puis, épuisé, il a accepté, relativement facilement, de suivre... les poulets ! Et de monter dans le panier à salade...

R

RÉGIMES

Mâche vers ton destin !

C'est le *New England Journal of Medicine* qui l'affirme : le chewing-gum aide à maigrir ! Explication. Cent mouvements de mâchoire par minute brûlent des calories, entre huit et quatorze. Une discipline qui, observée au rythme quotidien, pourrait faire perdre, grosso (!) modo, cinq kilos par an. Si, bien entendu, les mâchoires tiennent le coup...

Nourriture spirituelle

Aux États-Unis, des livres de régimes aux titres originaux remplissent de plus en plus les rayonnages spécialisés des librairies : *Le régime Alléluia*, *Que mangerait Jésus ?*, *Moïse n'était pas gros*, *Le régime du Créateur*, *Le corps selon Dieu*...

Auteur du *Régime Alléluia*, George Malkmus affirme avoir guéri d'un cancer du côlon grâce à sa méthode. Cet homme, autrefois cheminot et aujourd'hui prêcheur baptiste, a trouvé la base de sa théorie dans la Bible, dans la Genèse plus précisément :

“Voici, je vous ai donné toute plante portant semence, qui est sur la face de toute la terre, et tout arbre dans lequel il y a un fruit d’arbre, portant semence ; cela vous sera pour nourriture.”

Quelque 85 % des préceptes du *Régime Alléluia* reposent sur les aliments crus. Ce sont eux qui, selon George Malkmus, ont permis à Adam de vivre 930 ans ; Seth, son fils, 912 ans ; Enoch, son petit-fils, 905 ans... Le même explique que tout s’est gâté après le Déluge. Les rescapés se mirent à cuire leur nourriture et à consommer de la viande ! Moyennant quoi, ils ont tenu beaucoup moins bien le coup...

Le régime Alléluia, qui, comme les autres de la même inspiration, recommande également la prière et le respect de Dieu – qui, selon les mêmes sources, n’apprécie pas que l’on se gave -, donne apparemment de bons résultats. En revanche, ses incidences sur les caisses de retraite devraient être dramatiques...

Les débuts d’un amour

Pour maigrir, rien ne vaut... l’amour ! En 2003, un magazine italien a affirmé qu’entamer une romance est le meilleur moyen de perdre du poids. Un nutritionniste a expliqué que l’amour apporte le même sentiment de bien-être que le chocolat, les sucreries et les hydrates de carbone auxquels on peut alors renoncer, tout comme aux calories !

Huit personnes sur dix interrogées dans le cadre de cette enquête sont d’accord avec la théorie. Malheureusement, les effets de ce régime particulier ne durent pas puisque 12 % seulement (c’est... maigre !) ont juré ne pas avoir grossi par la suite. Le philosophe allemand Martin Heidegger, qui ne s’occupait pourtant pas de ces questions-là, avait raison lorsqu’il disait que seuls les commencements sont beaux...

S

SARDINES

Tombées du ciel

En 1989, un couple d'Australiens, apparemment sains d'esprit et peu portés sur la plaisanterie, se fit photographier au milieu de son jardin envahi par six cents sardines. Il jura à la presse que les poissons venaient de tomber avec la dernière grosse averse...

SOUPE

La souris ne fait pas sourire

Pour célébrer la fête des Mères de 2004, la famille Patterson choisit de se rendre dans un restaurant de Newport News, dans l'État de Virginie. Le repas commence par une soupe. Carla Patterson, la maman, en boit quelques cuillerées, puis, indignée, crie :

— C'est un scandale !

Le garçon accourt et, horrifié, voit une souris morte baignant dans l'assiette de potage ! Furieux et dégoûtés, les Patterson quittent l'établissement non sans avoir prévenu qu'ils vont porter plainte. Ils ne perdent pas de temps et, avec leur avocat, réclament l'équivalent de 393.000 euros au cuistot négligent !

Seulement, voilà : la défense fait analyser le rongeur et se rend compte que, non seulement, ses poumons ne contiennent pas de soupe, mais, en plus, qu'il n'a pas été cuit ! Il apparaissait donc clairement que les Patterson avaient jeté la souris dans le potage afin de soutirer beaucoup d'argent à leur victime. Résultat : Carla Patterson a été condamnée à un an de prison et à 2.000 euros d'amende. Ce jour-là, la justice a fait sa fête à la mère Patterson...

SPAGHETTIS

Pour les beaux yeux d'Ava Gardner

7 novembre 1951. Parce qu'elle tourne *Mogambo*, c'est en Afrique qu'Ava Gardner fête son premier anniversaire de mariage avec Frank Sinatra, qui l'a accompagnée. Le couple décide de passer une soirée tranquille au pied du mont Kenya, sur la rive du fleuve Galana.

Sinatra offre à Ava une bague de saphirs. Puis, les amoureux prennent la direction d'un night-club de Nairobi.

Un peu plus tard, Frankie s'envole pour Hollywood. Il ne revient que le 24 décembre, les bras et les valises chargés de cadeaux. Avec son épouse, ils décident de cuisiner pour l'ensemble de l'équipe de *Mogambo*. Ce sera un réveillon à l'italienne : spaghettis et sauce tomate à profusion ! Le vin coule à volonté. À l'issue du repas, Sinatra improvise des chants de circonstance. Un chœur de Congolais y mêle des cantiques catholiques français. Et John Ford se fend d'un conte de Noël. Sinatra attend de se retrouver seul avec Ava Gardner pour lui donner les paquets qu'il lui destine. Les tourtereaux sont assis à même le sol, à côté d'un petit sapin illuminé venu lui aussi quelques heures plus tôt des États-Unis. Il se fait qu'Ava Gardner est née un soir de Noël, celui de 1922. Elle est issue d'un milieu modeste et ses parents n'avaient pas toujours les moyens de lui offrir deux présents. Mais sa maman s'arrangeait pour que la fillette ait en tout deux gâteaux qu'elle confectionnait elle-même. Dans ses mémoires, l'actrice a écrit ces mots :

"Avoir son anniversaire et Noël qui tombent le même jour, quand on est enfant, c'est dur. Un coup à se retrouver avec un seul cadeau au lieu des deux auxquels on a droit. Parce que je savais parfaitement que je méritais deux cadeaux, et pas un. Et je n'étais pas au bout des mauvaises surprises, puisqu'il m'a fallu apprendre l'existence de cette autre personne, Jésus-Christ, avec son anniversaire que la plupart des gens confondaient avec le mien. Ça, je l'ai vraiment très, très mal pris. Et j'ai mis fort longtemps à le pardonner au Seigneur."

En cette belle nuit étoilée de 1951, Ava Gardner reçoit une étole de vison.

— Joyeux Noël ! s'exclame Sinatra.

Puis, à l'occasion des vingt-neuf ans de sa délicieuse compagne, il tend un bracelet de diamants en murmurant :

— Heureux anniversaire !

Et ce n'est pas tout ! Il y a encore à la fois plus original et plus appréciable dans le pays où la belle Ava travaille alors. Un troisième paquet contient en effet une douche de campagne, c'est-à-dire une pompe et un tuyau à plonger dans la rivière. Pour une fois, Sinatra arrosait un joyeux événement à l'eau ! Pas banal...

TARTES À LA CRÈME

Erreur de tir

Pour la télévision, Albert Riéra réalise, en direct, une séquence, pourtant très répétée, de tartes à la crème. Mais, à un moment, la machine se grippe. Laure Diana, qui doit recevoir ladite tarte sur la joue, se tourne mal, la prenant en plein visage, en est aveuglée et décontenancée. Du coup, elle en oublie sa réplique à Pierre Brasseur, qui sort en claquant la porte brutalement. Et fait s'écrouler le décor....

TISANES

Quarante ans au lit !

L'histoire qui suit peut paraître invraisemblable. C'est pourtant un médecin digne de foi qui l'a confiée, en 1978, à des journaux médicaux britanniques.

Appelons-la Mary Bradford. En 1935, âgée de trente-quatre ans, elle vit dans un village au fin fond de l'Angleterre. Elle habite une modeste demeure qu'elle partage avec sa mère. Et, un jour, Mary Bradford attrape un rhume. Mais ne le sachant pas et ne se sentant pas bien, elle fait venir le médecin du coin, qui lui dit :

— Restez bien dans votre lit ! Et buvez des boissons chaudes, des tisanes, par exemple ; c'est excellent ! Je repasserai vous voir dans une semaine.

Mary respecte à la lettre les recommandations du toubib. Après trois ou quatre jours, elle pense qu'elle est guérie, mais elle dit à sa maman :

— Il vaut mieux que j'attende le docteur !

Et la vieille dame approuve. Seulement, voilà : visiblement, le praticien, sans doute très occupé, ou bien tout simplement distrait, oublie Mary Bradford.

Les semaines et les mois passent ; Mary Bradford demeure alitée en avalant ses tisanes. Comme elle n'a pas de travail et pas de charge familiale, sa décision n'a aucune incidence fâcheuse. La mère, visiblement pas plus dégourdie, entre complètement dans le jeu et continue à soigner Mary !

Aussi curieux que cela puisse paraître, personne dans la famille ne songe à avertir le médecin et à lui demander une nouvelle visite.

Les années s'écoulent. La guerre éclate, mobilisant de nombreux hommes, notamment dans le village de Mary. Puis, bien plus tard, c'est la paix. La maman Bradford, qui s'est dévouée sans restriction pour sa fille, décède.

Mais, chez les Bradford, on est convaincu que Mary est toujours malade et que quelqu'un doit veiller sur elle. Alors, le beau-frère promet de prendre la relève. Et il tient parole.

Incroyable, mais vrai : Mary demeure dans son lit à boire ses tisanes bien chaudes pendant quarante années ! Le docteur qui a délivré ces prescriptions-là est évidemment retraité, voire mort. Et c'est un autre qui, par hasard, entendant parler du cas Mary Bradford, veut vérifier les informations parvenues jusqu'à lui. Et, effectivement, il trouve, chez elle, une dame âgée de soixante-quatorze ans, n'ayant pas bougé depuis quatre décennies !

Il prend l'affaire en main et aide Mary à – enfin ! – quitter son matelas. Il lui faudra une longue période de réadaptation afin de renouer avec une vie plus ou moins normale. Mais plus très longue. Car trois ans plus tard, Mary se recoucha. Cette fois, pour toujours.

TOMATES

La pilule les fait grossir !

Appelons-le Charles. Il est retraité et amoureux de jardinage. Un jour, dans les années quatre-vingt, quelque part en Irlande, il lui vient une idée. Et s'il arrosait ses plants de tomates avec de l'eau dans laquelle il aurait au préalable broyé des pilules anticonceptionnelles ?

Il semblerait qu'avant lui, personne n'y ait pensé ! Le seul problème pour Charles, c'est qu'il doit se procurer les fameuses pilules. Il se rend chez le pharmacien le plus proche qui l'écoute, forcément, avec un certain étonnement. Et lui fait remarquer que, comme l'épouse de Charles n'a plus l'âge de consommer ce genre de médicament, il ne peut le lui fournir.

Alors, Charles, qui est aimé dans son quartier, entame une tournée d'un genre plutôt particulier ! Mais, au bout du compte, il récolte un petit sachet de pilules et peut enfin commencer ses expériences !

Après avoir été aspergées de la mixture de Charles, les tomates allèrent jusqu'à tripler de volume ! Exactement l'inverse de l'effet provoqué chez les dames...

TOMATES (JUS DE)

Un permis en petits morceaux

Charles Van de Rykevoorsel est un homme de passions. Quelque peu excessif, il adore ou déteste. Il en va de ses relations avec les gens comme de ses rapports avec la nourriture. Quand il aime quelqu'un, il lui téléphone sans arrêt et l'invite en permanence dans sa jolie propriété de la région de Bruges. Puis, il se lasse et passe à quelqu'un d'autre.

Yvonne, son épouse, est habituée depuis longtemps au caractère de son mari. C'est parce qu'elle est plus conciliante que lui que le couple Van de Rykevoorsel tient encore le coup après plus de vingt ans d'union. Et il semble que les deux enfants, âgés respectivement de douze et quinze ans, ressemblent davantage à leur mère.

Gourmet, Charles n'achète que de bonnes choses et choisit les meilleurs endroits pour effectuer ses emplettes. Il peut manger souvent les mêmes plats tant qu'ils font partie des favoris du moment. Il lui est arrivé, à une époque, de consommer du bar un jour sur deux. Puis, au bout de quelques mois, de lancer à Yvonne :

— Franchement, ras-le-bol de ton bar !

C'était évidemment lui qui l'achetait dans ce qu'il considérait être la meilleure poissonnerie de Bruges ! Il a également eu sa période de moelleux au chocolat, qu'il imposait comme dessert au moins quatre fois par semaine. Car, forcément, Charles entend faire partager ses coups de cœur à sa famille. Si Yvonne se tait, les gosses, eux, râlent parfois. Des protestations auxquelles le père répond invariablement par la formule :

— Vous ne savez pas ce qui est bon !

Pour le moelleux au chocolat, Charles a effectué très sérieusement des tests et a même quémandé l'avis de ses proches. Et c'est à l'unanimité que la pâtisserie qui allait recevoir sa fréquente visite a été élue.

Puis, un matin qui ne fut pas beau pour son moral, Charles est monté sur la balance, ce qu'il ne fait pas fréquemment. Et il a constaté, horrifié, que depuis la dernière fois qu'il avait accepté ce genre de confrontation, il avait pris quatre kilos. La pauvre Yvonne en avait pris à nouveau plein la figure.

— C'est malin ! Tu aurais pu me dire que manger autant de chocolat faisait grossir...

Un peu plus tard, chez des amis, Charles boit un verre de jus de tomate. Et tombe immédiatement en extase ! Ce breuvage-là va désormais remplacer tous les autres ! Il voit bien le jus de tomate en apéritif, en boisson d'accompagnement pour les repas et – pourquoi pas ? – même comme pousse-café !

Les personnes lui ayant fait découvrir le jus de tomate habitent Knokke et indiquent à Charles qu'elles s'approvisionnent dans une épicerie artisanale, à un kilomètre de chez elles.

Dès le lendemain, Charles est sur place et, ne faisant pas dans le détail, emporte d'un coup vingt-quatre bouteilles. Les Van de Rykevoorsel recevant beaucoup, les hôtes se sentent obligés de goûter le fameux jus de tomate. D'ailleurs, certains soirs, Charles ne laisse pas le choix.

— Moi, j'en ai un peu marre de l'alcool ! Je me suis mis au jus de tomate ! Il faut que vous goûtiez ça !

Et y compris ceux qui rêvent d'une coupe de champagne trempent les lèvres dans l'inévitable jus de tomate ! Tous n'ont pas l'air ravi, mais, polis, ils sont, officiellement en tout cas, heureux de ce changement inattendu !

Les semaines passent et les bouteilles se vident. Le 19 avril 1992, Charles rentre chez lui vers 17 heures et se rend assez rapidement compte qu'il ne reste quasiment plus de jus de tomate. Comme il faut une coupable et qu'Yvonne est dans le coin, elle se fait réprimander.

— Si tu ne me préviens pas que nous allons tomber à court, comment veux-tu que je le devine ! Heureusement que j'ai l'œil sur tout !

Ce soir-là, les Van de Rykevoorsel reçoivent six personnes à dîner. Impensable pour Charles de ne pas leur servir son jus préféré ! Et surréaliste d'imaginer que lui pourrait s'en priver ! Une seule solution : filer en vitesse à Knokke !

Au volant de sa puissante limousine, Charles parvient au magasin avant sa fermeture. Il emporte tout le stock de jus de tomate ! Au total : trente-sept bouteilles qu'il entrepose dans son coffre. Et Charles redémarre.

Sur la grand-route, il fonce et dépasse allègrement la vitesse autorisée. Il ne se rend absolument pas compte que, venant d'une voie latérale, deux policiers à moto l'ont pris en chasse. À un feu rouge, ceux-ci lui font signe de se garer. Agacé par cet imprévu, Van de Rykevoorsel prend les flics de haut.

— Qu'est-ce que vous voulez ? lance-t-il sur un ton sec.

— Vous roulez beaucoup trop vite...

Charles n'entend pas leur laisser le dernier mot.

— Pour vous qui n'avez visiblement rien d'autre à faire qu'ennuyer les honnêtes gens, peut-être, mais pour moi qui suis pressé, non !

— C'est le règlement, monsieur !

— Vous savez, moi, les règlements...

Le plus âgé des deux hausse le ton.

— Ça suffit ! Vos papiers !

— Mes papiers, maintenant ! Pour qui vous prenez-vous ? Ce ne sont pas deux blancs-becs de votre espèce qui vont m'empêcher de poursuivre mon chemin...

— Au nom de la loi, je vous ordonne de me donner vos papiers !

Charles empoigne les documents se trouvant dans la boîte à gants, tout en précisant :

— Il va falloir vous planquer, car je vais démarrer !

Le représentant de l'ordre devient rouge... tomate !

— Descendez de votre véhicule ! Je veux voir aussi votre permis de conduire !

Charles sort de la voiture.

— Mon permis ? Pas question !

— Et pourquoi ?

— Comme ça !

Il le fait glisser de son portefeuille et, ostensiblement, le déchire en petits bouts qu'il met en bouche. Devant les deux autres médusés, il les avale puis prévient.

— C'est un peu sec, il faut que je boive !

Il ouvre le coffre et décapuchonne une bouteille de jus de tomate dont il absorbe la moitié du contenu !

Dix minutes plus tard, Charles Van de Rykevoorsel était emmené par des policiers arrivés en renfort. Ce soir-là, les invités durent se passer de lui. Et du jus de tomate...

V

VIANDE

Prends ça !

La scène se passe dans un restaurant quelque part en Grèce, en 2004. L'établissement est calme et cossu. Un homme et une femme de près de quarante ans décident d'y passer la soirée.

En s'installant, ils ignorent évidemment qu'à quelques mètres d'eux, dans la cuisine, le patron et son épouse sont en pleine querelle de ménage. Fou de rage et voulant montrer à sa moitié qui dirige la boutique, le chef coq s'empare d'un morceau de viande d'un kilo. Il le lance en direction de sa compagne, mais vise mal ! Résultat : le projectile passe la porte à tambour, frôle et blesse l'oreille de la dame attablée avec son mari avant d'atterrir dans son assiette et d'éclabousser sa robe ! Pas terrible, le service...

VIN

In vino veritas

Pas de doute: Oreste Balducci plaît! Depuis six mois, dans ce petit village du sud de l'Italie, on ne parle que de lui. C'est bien simple: au moindre problème, il se trouve toujours quelqu'un pour dire:

— On n'a qu'à demander à l'abbé Balducci!

Le 29 septembre 1953, Oreste Balducci a frappé à la porte du presbytère où le vieux curé Lucio l'a accueilli à bras ouverts.

— Je viens d'effectuer une longue retraite dans un monastère. Je dois regagner Rome, mais, n'ayant pas d'argent, je cherche à me loger au long de mon chemin. En échange, je suis évidemment prêt à rendre tous les services!

Oreste Balducci ne pouvait pas mieux tomber. Giustino Lucio, soixante-quinze ans, n'est pas en bonne santé, et éprouve bien des difficultés à s'occuper de sa paroisse. Moyennant quoi, dès ce 29 septembre 1953, l'abbé Balducci se met à l'ouvrage et remplace son aîné pour l'administration de l'extrême-onction chez une vieille dame s'apprêtant à rejoindre un monde qui, selon l'Église catholique, est sensiblement meilleur.

Balducci emploie des mots qui touchent et réconfortent à la fois la mourante et son entourage. Dès le lendemain, dans le village, tout le monde sait qu'un jeune prêtre "très bien" est de passage.

Quelques jours tard, Oreste Balducci célèbre la messe dominicale à la place de l'abbé Lucio, retenu au fond de son lit par une mauvaise bronchite.

— Ne vous inquiétez pas, assure Balducci, je m'occupe de tout!

Les fidèles sont certes attachés à leur curé, mais ils découvrent avec ravissement ce garçon distingué, aimable, serviable, sans cesse disponible.

— Il parle si bien! s'exclament les uns.

— Avec lui, on a envie d'aller à l'office tous les jours! précisent les autres.

— C'est un saint homme! affirment-ils en chœur.

À peine rétabli, le pauvre abbé Lucio, très faible, glisse dans les escaliers et se casse le col du fémur. On l'emmène à l'hôpital le plus proche, c'est-à-dire à cinquante-cinq kilomètres. En partant, il a quand même le sourire et confie aux personnes venues prendre de ses nouvelles:

— C'est le Seigneur qui m'a envoyé Oreste Balducci! Je sais que je vous laisse en de bonnes mains.

Et, effectivement, nul n'a à se plaindre d'Oreste. Au contraire. Plein d'entrain, il suscite des activités nouvelles et dynamise les anciennes. Constatant que la belle église, datant du XIIe siècle, aurait bien besoin de travaux de réfection, il ouvre lui-même le chantier.

— Quand nous regardons les caisses vides de la paroisse, nous ne pouvons que constater notre pauvreté, prêche-t-il. Mais nous sommes riches de l'amour que Dieu nous porte et que nous renvoyons à tous ceux que nous côtoyons. Riches de la solidarité dont nous pouvons faire preuve. Riches du temps que nous pouvons donner...

Résultat: on ne compte plus les bonnes volontés se manifestant pour aider Oreste qui a pris la tête des opérations, montrant ainsi des talents réels en matière de maçonnerie.

Les dames, en particulier, sont béates d'admiration.

— Cet homme-là sait tout faire...

D'aucunes, qui le jugent physiquement à leur goût, ajoutent même en soupirant :

— C'est presque dommage qu'il ait choisi la prêtrise...

À l'approche de Noël, Oreste se surpasse. Pour l'occasion, il fonde une chorale et, avec sa jolie voix de ténor, apprend à des hommes, des femmes et des enfants de beaux chants de circonstance. Désireux qu'aucun villageois ne soit exclu de la fête, il invite les plus pauvres à dîner au presbytère. Il pousse lui-même le fauteuil roulant d'un pauvre bougre nécessiteux qu'il place au premier rang, face à l'autel.

La messe de minuit n'a jamais été aussi émouvante. La plupart des habitants jureraient que, pour la première fois, ils sont unis par un lien qu'ils ne peuvent définir, quelque chose de mystérieux, mais leur procurant une sensation très agréable.

Lorsque, vers une heure trente, ils sortent de l'édifice, ils sont heureux d'avoir vécu des moments d'une telle intensité.

L'abbé Balducci est l'objet d'une avalanche de compliments.

— C'était merveilleux, lumineux... On ne vous remerciera jamais suffisamment... Nous sommes tellement contents de vous avoir ici... Vous allez rester pour toujours ?

Selon le Vatican, la notion d'éternité n'étant maîtrisée que par Dieu seul, Oreste ne peut évidemment se prononcer sur cette dernière question... Mais comme, après son séjour à l'hôpital, Giustino Lucio a été jugé inapte à reprendre son service, il est ensuite parti se reposer dans un couvent. Nul ne sait quand il reviendra. Et même s'il pourra revenir.

Balducci étant disponible, le problème a été résolu. Lui-même a fait savoir qu'il avait prévenu Rome qu'il y rentrerait plus tard que prévu. Et, a-t-il précisé, l'évêque a marqué son accord pour cet intérim impromptu.

Dans les premiers jours d'avril 1954, Oreste accepte de se rendre à un banquet présidé par le maire. Il s'agit d'une manifestation annuelle, la plus importante dans la vie locale. L'ecclésiastique y est reçu avec tous les égards dus à sa fonction, mais également à la réputation flatteuse dont il est l'objet.

Oreste est assis à la droite de l'épouse du chef de la commune. Il ne tarit pas d'éloges sur la qualité de la nourriture. Et plus encore sur celle du vin servi en abondance. Après quelques verres, il se laisse aller à des confidences dont le ton tranche quelque peu avec ses discours habituels.

— 'Y a pas à dire, mais c'est bien meilleur que le vin de messe, une espèce de piquette trop sucrée qui finira par me gâcher l'estomac !

Car, je peux bien vous l'avouer, certains soirs, tout seul dans ma grande maison vide, j'en descends une bouteille !

Un silence glacial s'est fait autour de l'abbé. Qui, l'alcool aidant, ne s'en rend pas compte.

— Curé, c'est pas mal comme boulot, mais on bouffe vraiment trop mal ! La brave Maria (sa bonne) fait ce qu'elle peut, mais elle n'est pas douée. Je comprends que son mari soit mort depuis belle lurette ! Il a dû crever de faim !

Empoignant une bouteille, il se sert et boit goulûment. Puis se lâche totalement.

— En fait, je ne crois pas pouvoir continuer cette plaisanterie très longtemps...

Blême, le maire se racle la gorge.

— De quelle plaisanterie s'agit-il ?

Saoul, Balducci le regarde vaguement.

— Je suis autant curé que toi, mon couillon !

Il s'échappe des cris d'indignation de la petite assemblée sous le choc !

— J'aurais bien aimé l'être... Il y a longtemps... J'adore ça, mais pour rigoler... J'ai appris tout seul... Je suis sûr que je sais plus de choses sur le boulot que pas mal de prêtres... Et, d'ailleurs, cela fait des années que plein de gens tombent dans le panneau... Car vous n'êtes évidemment pas les premiers...

La soirée se termina très mal. Le maire fit un scandale, alertant les autorités judiciaires et ecclésiastiques. Mais, avec la complicité de personnes qui ne furent jamais identifiées, Oreste Balducci prit la fuite la nuit même. Malgré les poursuites engagées contre lui, il demeura introuvable. La rumeur prétendit qu'il avait quitté l'Italie, mais elle ne fut jamais confirmée.

Dans le village, on s'offusqua de l'intrusion d'un tel escroc. Pourtant, au fil du temps, une certaine nostalgie de l'abbé Balducci se répandit. L'évêché dépêcha un émissaire afin d'informer la population que les sacrements administrés par Oreste Balducci étaient bien sûr considérés comme nuls. D'aucuns s'en émurent. Mais, bizarrement, les deux couples que le farceur avait mariés ne voulurent jamais repasser devant l'autel...

Glaçant

Pierre Perret a emmené Roby, l'un des Platters, dans un restaurant réputé. L'Américain désire boire un grand vin. Ils commandent un “Château Margaux 1945”. Puis, sous le regard effaré du sommelier, le garçon fait tomber des glaçons dans son verre rempli du (très) cher liquide...

VIN (BLANC)

Au petit déjeuner

Charles Aznavour en a fini avec les vaches maigres. Ce n'est pas encore la gloire, mais elle est en vue. Il vient pour quinze jours à *L'Ancienne Belgique*. Il sort d'un divorce douloureux et s'installe à Bruxelles avec Dany, secrétaire, régisseur, confident et copain.

Le soir de la première, Charles et Dany se laissent entraîner par une bande de joyeux fêtards. Aznavour, qui a été de cette race-là, essayait pourtant de s'en éloigner. Mais les soucis sentimentaux aidant, il se laisse à nouveau envahir par ses vieux démons, comme il l'a raconté dans son premier livre de souvenirs, *Aznavour par Aznavour*, paru en 1970.

La tournée commence par le *Moulin-Rouge*, continue chez *Fefo* et au *Daity*, et s'achève au *Bœuf sur le toit*. Aznavour et ses camarades sacrifient aux mélanges les plus périlleux : whisky, bière, champagne, vin rouge !

Ne maîtrisant plus grand-chose, Charles accepte un 421. Il demande au type qui propose la partie :

— Qu'est-ce qu'on joue ?

— Ta cravate !

Aznavour la perd. Pas grave. Un autre loustic lance :

— Moi, je joue vos cheveux ! Si vous perdez, on vous rase la tête, et si vous gagnez, on tond la mienne !

Et Aznavour accepte ! Heureusement pour lui, il est dans un jour de chance et c'est son adversaire qui se retrouve avec la boule à zéro ! Le gars n'a visiblement pas son compte et propose la revanche.

— Cette fois, dit-il, on joue vos cheveux contre mes sourcils !

La veine d'Aznavour se confirme. Il est quatre heures. Complètement ivre, le chanteur rentre à l'hôtel. Pendant les deux semaines qui suivent, il ne dessaoule quasiment pas, collectionnant autant les cuites que les conquêtes féminines. Son ami Dany ne lui a pas servi de frein. Il lui a même expliqué :

— Quand on a picolé, ce n'est pas le lendemain qu'on est malade, mais le surlendemain. Alors, c'est simple. Tu ne peux éviter les surlendemains qu'en picolant chaque jour !

Plus tard, Aznavour avouera que, dès le réveil, après le café, il démarre au vin blanc, dans des petits verres dans lesquels on trempe les croissants !

Le contrecoup, sans appel, surgit juste après Bruxelles. Aznavour est à peine arrivé à Barcelone que son estomac le fait se tordre de douleur. Alors, il prend une décision irrévocable.

— À partir d'aujourd'hui, jure-t-il à son copain Dany, je ne boirai plus une goutte d'alcool. Tu comprends, il me faut choisir : c'est la nouba ou mon métier. J'ai voulu réussir ma carrière, et maintenant, ça commence à marcher. Je serais trop con de tout gâcher pour de faux plaisirs. L'alcool, finalement, n'a jamais arrangé un mec...

En Belgique, Aznavour avait enterré sa vie de noceur. Dès lors, au petit déjeuner, il a renoncé au vin blanc et son succès a été croissant...

VIN (ROUGE)

Nicoletta a recours au bordeaux pour achever *Mamy Blue*

Le casque sur les oreilles, face à un gros micro, Nicoletta éclate de rire. Puis admet :

— Ce n'est pas possible ! Je n'y arriverai pas !

Depuis une heure, elle essaie d'enregistrer *Mamy Blue*. Intrinsèquement, les paroles de la chanson n'ont rien d'hilarant. Exemple : "Tu n'es plus là pour me sourire, me réchauffer, me retenir, oh mamy".

Le blocage – car c'est de cela dont il s'agit – que Nicoletta fait sur *Mamy Blue* a des origines précises.

Au printemps de 1971, sa maison de disques propose à Nicoletta une musique d'Hubert Giraud et lui annonce que Pierre Delanoë va mettre dessus un texte racontant la grand-mère de Nicole. Une personne qui a joué un rôle essentiel dans l'existence de la demoiselle puisque, orpheline, celle-ci a d'abord été placée dans un foyer de liberté surveillée avant d'être confiée à son aïeule.

Nicoletta est alors en pleine ascension. Née Nicole Grisoni, elle a connu, en 1967, un premier succès avec *La musique*, confirmé l'année suivante par *Il est mort le soleil.*

L'été 1971, Nicoletta part en tournée et c'est à la mi-août qu'elle découvre *Mamy Blue*. Et elle est atterrée !

Autant la mélodie l'avait séduite, autant les paroles la consternent. Elle les trouve plutôt naïves, mais, surtout, est rebutée à l'idée de parler de sa grand-mère morte, pour la très bonne raison que la mamy, la vraie, vit toujours! L'intéressée réagit de la même façon. Mais la maison de disques, elle, ne plie pas.

— Fais-nous confiance! Tu verras, on tient un tube!

Contrainte et forcée, Nicoletta se rend au studio. Où elle ne parvient pas à interpréter ce qu'elle continue à considérer comme une «cornichonnerie»!

Les fous rires se succèdent. Nicoletta reprend. Et finit par décider qu'il lui faut recourir à sa potion magique : le bordeaux! On lui en apporte une bouteille. La chanteuse boit un verre, un deuxième, un troisième... Et démarre! Bien sûr, le vin peut provoquer une certaine euphorie. Mais aussi, et c'est pour cela que Nicoletta l'utilise, le vin rouge endort les cordes vocales. Plus tard, la chanteuse attirera l'attention sur le fait que, dans la version originale de *Mamy Blue*, sa voix est "cotonneuse".

L'enregistrement est lui plus "coton" dès lors que le liquide miracle fait son effet. Quant au public, lui, il ne se sent pas obligé de plonger dans les vignes du Seigneur avant de se précipiter chez les disquaires, car il adore *Mamy Blue*!

En novembre 1971, le quarante-cinq tours est numéro 1 dans les hit-parades. Nicoletta en est très surprise et n'en est pas pour autant réconciliée avec le titre. Deux mois plus tard, d'ailleurs, elle ne supporte plus de l'entendre à la radio. C'est sûr : *Mamy Blue* la saoule...

VINAIGRE

Régime mortel

Lors de son premier bal, en 1775, le jeune Brillat-Savarin (il a vingt ans) rencontre une demoiselle, Louise, qui lui plaît beaucoup. Et les sentiments sont réciproques.

Mais, bizarrement, la belle, un peu ronde, se laisse influencer par des gens lui conseillant vivement d'affiner sa silhouette si elle veut continuer à séduire l'élu de son cœur !

Inconsciente, Louise boit dès lors deux verres de vinaigre quotidiennement ! Ce qui ne tarde pas à ruiner sa santé. Brillat-Savarin s'inquiète de l'état de sa dulcinée qui le rassure.

— Je peux perdre un peu sans m'appauvrir...

Le garçon ne comprend pas.

— Perdre ? Mais restez donc comme vous êtes ; charmante à croquer !

Pourtant, Louise poursuit son régime suicidaire. Lorsque son entourage s'en rend compte et veut lui venir en aide, il est trop tard. Peu après, Louise décède. Et le futur auteur de la *Physiologie du goût* pleure celle qu'il avait rêvé d'épouser...

W

WHISKY

Roger Hanin : attente arrosée

Pour les besoins d'une intervention en direct dans *Samedi soir*, Roger Hanin a mis au point des réparties drôles avec l'animateur du talk-show, Philippe Bouvard. En attendant le démarrage de l'émission, le comédien se désaltère abondamment puisqu'il avale cinq whiskies. Moyennant quoi, lorsque Bouvard lance la première question, il le regarde tristement, ne répond absolument pas ce qui était prévu, mais balbutie :

— Mon pauvre Philippe, pourquoi fais-tu ce métier-là ?...

Dégustation sur commande

24 mai 1985, 21h20, dans la grande banlieue de Londres. Prisca Carlis, quarante ans, célibataire vivant seule, tombe de fatigue et décide d'aller se coucher tôt. Ce n'est vraiment pas son habitude, mais depuis quelques jours, elle peine à récupérer. Il

faut dire que Prisca aime les sorties souvent tardives et qu'elle en a accumulé jusqu'à atteindre un point de saturation physique.

Jolie femme blonde, Prisca Carlis, assistante de direction au sein d'une importante entreprise londonienne, s'est installée quatre ans plus tôt – au moment de son divorce – dans une petite maison de briques rouges entourée d'un jardin où, dès que le temps le permet, elle aime organiser des dîners avec ses amis. Il se fait d'ailleurs que, le lendemain, elle reçoit et, si le climat, assez favorable en ce moment, le permet, Prisca sortira son matériel à barbecue.

Ce 24 mai 1985, il est 21h35 quand Prisca Carlis sort de la salle de bains et se dirige vers la chambre à coucher. Elle s'assied dans le lit et prend le livre posé sur la table de chevet. Il s'agit d'un roman policier entamé deux jours plus tôt. Prisca est tellement lasse qu'elle est obligée de lire deux fois la même page avant de comprendre, mais à moitié seulement, le bout d'énigme qui s'y tisse. Elle comprend donc qu'il est inutile d'insister et qu'il vaut mieux dormir. Ce qu'elle fait à peine la tête posée sur l'oreiller.

22h25. Une ombre se faufile dans la pelouse de Prisca. Un homme s'arrête devant une fenêtre entrouverte située au rez-de-chaussée et entre dans la pièce. Sans le savoir, il se trouve dans la chambre de Prisca. Maladroit, il fait tomber une chaise et réveille la dame en sursaut. Celle-ci allume une lampe et découvre un inconnu, taille moyenne, la tignasse grisonnante en bataille, vêtu d'un long imperméable qui fut blanc il y a longtemps, un revolver à la main. Mais l'individu n'est pas franchement menaçant. D'ailleurs, pas trop sûr de lui, il prévient :

— Je ne vous veux aucun mal !

Tirée de son premier sommeil, Prisca Carlis n'en est pas convaincue.

— Je veux bien vous croire, mais, a priori, j'ai quelques doutes...

En braquant toujours son arme sur elle, l'intrus poursuit.

— Si vous m'obéissez, tout se passera bien...

Prisca demeure muette.

— J'exige deux choses. La première : que vous buviez au moins un verre de whisky avec moi. La deuxième : que vous m'écoutiez...

Prisca attend la suite, mais il n'y en a pas.

— C'est tout ?...

— C'est tout. Vous êtes d'accord ?

— Apparemment, je n'ai pas le choix...

Le curieux visiteur ramasse la chaise sur laquelle il a trébuché, sort de la poche droite de son vêtement de pluie une bouteille de whisky et, de la gauche, deux gobelets en plastique. Il les remplit, en tend un à Prisca puis lève celui qu'il a gardé.

— Santé ! s'exclame-t-il un peu timidement.

— À la vôtre ! réplique Prisca, avant de tremper ses lèvres dans l'alcool.

— C'est du bon ! précise l'autre, qui vient d'avaler une large gorgée.

Il s'assied sur le bord du lit et se met à parler.

— Je m'appelle Peter Palmer, j'ai quarante-sept ans et je n'en peux plus d'être seul. Personne ne fait attention à moi. Si, demain, je crève, il n'y aura pas un chat à mon enterrement. Et si ça se trouve, je vais disparaître demain parce qu'il est possible de mourir de tristesse ; je l'ai lu dans un journal. On peut mal se nourrir, ne pas être en pleine forme physique et vivre vieux, à condition d'être bien dans sa peau. En revanche, si on est dépressif et isolé, on a toutes les malchances de passer l'arme à gauche plus tôt que les autres ! Réjouissant, non ?

Prisca, qui trouve effectivement que le whisky n'est pas mauvais du tout, se permet une remarque.

— Il serait encore meilleur si nous le buvions dans des verres destinés à cet usage… Il y en a dans le bar…

Sur ses gardes, Palmer se méfie de la proposition.

— C'est un piège ?

Prisca s'étonne elle-même de son calme.

— Allez les chercher vous-même ! Ou bien venez avec moi !

— Je viens avec vous ! Et pas de blague, hein ?

Prisca s'extirpe de son lit, empoigne un peignoir qu'elle enfile rapidement et précède Palmer dans le living où elle choisit deux verres.

— On peut rester ici, on sera mieux, lance-t-elle.

Palmer regarde à gauche, à droite, ouvre une porte, celle donnant dans la cuisine et accepte.

— Prenez le divan, moi le fauteuil juste en face. D'accord ?

Peter n'est pas à l'aise.

— Il n'y a pas un coup foireux derrière tout ça ?

— Résumons la situation. Je suis en chemise de nuit, un flingue braqué dans ma direction et, comme vous pouvez le constater, je n'ai pas la carrure de Rambo ! Quant à ma maison, ce n'est pas celle de James Bond, elle n'est pas truffée de gadgets sophistiqués. Et le toit ne va pas s'ouvrir pour laisser atterrir des paracommandos descendus de leur avion en parachute !

J'admets que ça mettrait un peu d'ambiance, mais, remarquez, avec vous, ce soir, je suis déjà bien servie...

— Vous vous moquez de moi ? constate tristement Palmer.

— Pas le moins du monde ! J'avoue que vous m'avez fichu une sacrée trouille ! Mais un homme qui vous offre un whisky aussi délicieux ne peut pas être une franche crapule. Je me trompe ?

Palmer sourit enfin et verse le contenu des gobelets dans les jolis verres.

— Re-tchin ! fait-il.

Et il se désaltère.

— Je ne suis pas méchant, juste au bout du rouleau. J'ai depuis longtemps une image me trottant dans la tête. Celle d'un bon whisky partagé avec un copain ou une copine à qui je pourrais raconter mes soucis. C'est con, je sais, mais elle représente pour moi une forme de réconfort après lequel je cours. Seulement voilà, je n'ai pas de copain, pas de copine. Et j'en ai marre de descendre les bouteilles de scotch seul, toujours seul...

Prisca semble compatir.

— Vous m'avez pourtant l'air d'être un garçon sympathique...

Puis elle se reprend très vite.

— Quand vous ne pointez pas votre joujou sous le nez des autres, bien sûr !

— Voilà plus de dix ans, j'ai perdu mon boulot. J'étais magasinier dans une usine. Je me suis querellé avec mon chef et il m'a mis dehors. La dégringolade a été vertigineuse. Six mois plus tard, ma femme me quittait. Elle a monté pas mal de gens contre moi et, petit à petit, ce fut le vide complet.

— Une question me démange...

— Allez-y !

— Pourquoi avez-vous débarqué chez moi ?

— Il y a huit jours, j'ai décidé que j'allais obliger quelqu'un à boire un whisky avec moi en écoutant le récit de mes malheurs. Avant-hier, je roulais dans votre rue quand vous êtes rentrée dans votre garage. Hier matin, je suis venu voir votre sonnette et je n'y ai vu qu'un nom. Vous auriez pu cohabiter avec quelqu'un. Mais lorsque je vous ai aperçue, je ne sais pas pourquoi, vous m'avez inspiré confiance. Je pensais vous trouver devant votre télé. Je n'avais pas imaginé que vous puissiez déjà dormir...

— C'est exceptionnel !

— Je suis mal tombé...

— Pas grave !

— Le mec qui a eu ma peau au travail, il me cherchait depuis belle lurette. Je suis trop gentil et je ne sais pas me défendre. J'aurais dû lui casser la gueule dès qu'il a commencé à m'embêter. Et ma bonne femme n'a pas été meilleure ! Quand elle a vu que j'allais mal et que je ne gagnais plus un rond, elle a préféré se barrer ! Sept ans de mariage bousillés en quelques semaines ! Là, j'ai été anéanti. Je n'en suis toujours pas remis, même si, aujourd'hui, je ne suis plus amoureux de cette garce !

— Et, depuis, vous n'avez pas eu de petite amie ?

— Pas vraiment ! Une aventure par-ci, par-là... Rien d'important. Vous savez, quand on n'est pas heureux, on n'attire pas le bonheur...

Ce n'est pas exclusivement grâce au whisky, mais Prisca Carlis commence à trouver le bonhomme assez attachant. Il continue à survoler son parcours de paumé sans jamais s'encenser. Mieux : Palmer s'autocritique avec une certaine lucidité.

Les heures s'égrènent. La bouteille de whisky se vide. Il est 2h20. Peter vient de s'en rendre compte.

— L'opinion que vous devez avoir de moi ne doit pas être terrible... Je vais m'en aller... Après ça, vous appellerez peut-être la police...

Prisca hausse les épaules :

— Jamais !

— Ce serait bien votre droit... Je me rends compte à quel point ma démarche était insensée !

— Originale, en tout cas, corrige Prisca.

— Vous m'avez fait du bien. Merci...

— Il ne faut pas rester comme ça, Peter. Vous devez remonter la pente. Et je suis sûre que vous en êtes capable...

Palmer a subitement les larmes aux yeux.

— Il y a une éternité que quelqu'un n'a pas eu à mon égard un mot positif...

Après une ultime lampée de whisky, il s'en va, non sans avoir laissé ses coordonnées à Prisca. Quatre heures plus tard, un peu vaseuse, celle-ci tape sur son réveil et se traîne jusque sous la douche. Au bureau, elle pense beaucoup à l'intrusion de la nuit précédente et se résout à en parler au chef du personnel avec qui elle partage un sandwich vers 13 heures.

Une semaine après, Peter Palmer effectuait ses débuts de chauffeur dans la boîte de Prisca. Le soir même, devant la porte de son domicile, Miss Carlis découvrait un gros bouquet de fleurs et une bouteille de vieux whisky, accompagnés de quelques mots :

“À ma fée... Si elle le veut, nous dégusterons le précieux breuvage ensemble. Mais, cette fois, c’est promis, pour venir, j’attendrai d’être invité...”

Il attendit trois jours. Prisca et Peter dînèrent au jardin. Et lorsqu’il partit, Prisca se demanda pourquoi elle ne l’avait pas retenu. Ce serait peut-être pour une autre fois...

PRINCIPALES SOURCES

Livres

Andersen Christopher – *Citizen Jane* – Robert Laffont – 1991

Anthony Richard – *Il faut croire aux étoiles* – Michel Lafon – 1994

Artur José – *Micro de nuit* – Stock – 1974

Aznavour Charles – *Aznavour par Aznavour* – Fayard – 1970

Barrault Marie-Christine – *Souffler n'est pas jouer* – Ramsay – 1984

Blundell Nigel – *Les plus grandes erreurs du monde* – Compagnie Internationale du Livre – 1987

Boissel Thierry – *Brillat-Savarin* – Presses de la Renaissance – 1989

Bouvard Philippe – *Un oursin dans le caviar* – Stock – 1973

Bouvard Philippe – *Du vinaigre sur les huiles* – Stock – 1976

Breton Guy et Pauwels Louis – *Histoires extraordinaires* – Albin Michel – 1980

Castans Raymond – *Parlez-moi du Fouquet's* – Lattès – 1989

Castelot André – *L'Histoire à table* – Perrin – 1978

Chabrol Dominique – *Jean Poiret, l'art d'en rire* – Belfond – 1999

Chardans Jean-Louis – *Dictionnaire des trucs* – Carrère – 1986

Dave – *Du côté de chez moi* – Lattès – 1997

Defradat Serge – *Du chocolat, des images et des jouets* – Du May – 2001

Fabre Denise – *Et en plus, c'est vrai !* – Grasset – 1977

François Josette – *Claude, l'histoire d'une revanche* – Grancher – 1988

Gardner Ava – *Ava, Mémoires* – Presses de la Renaissance – 1991

Khodorowsky Katherine et Robert Hervé – *L'ABCdaire du chocolat* – Flammarion – 1997

Khodorowsky Katherine et Robert Hervé – *100 % chocolat* – Solar – 2001

Le Luron Thierry – *Comme trois pommes* – Flammarion – 1978

Lewis Jerry – *Dr Jerry et Mr Lewis* – Stock – 1983

Nicoletta – *45 tours et puis s'en vont* – Robert Laffont – 1977

Tappert Horst – *Derrick et moi* – De Fallois – 1999

Journaux et revues

Le Figaro – Le Parisien – France-Soir – Histoire pour tous

Agences

Reuters – AFP – AP

Site

petit-bazar.unige.ch

TABLE DES MATIÈRES

DANS LA MÊME COLLECTION...

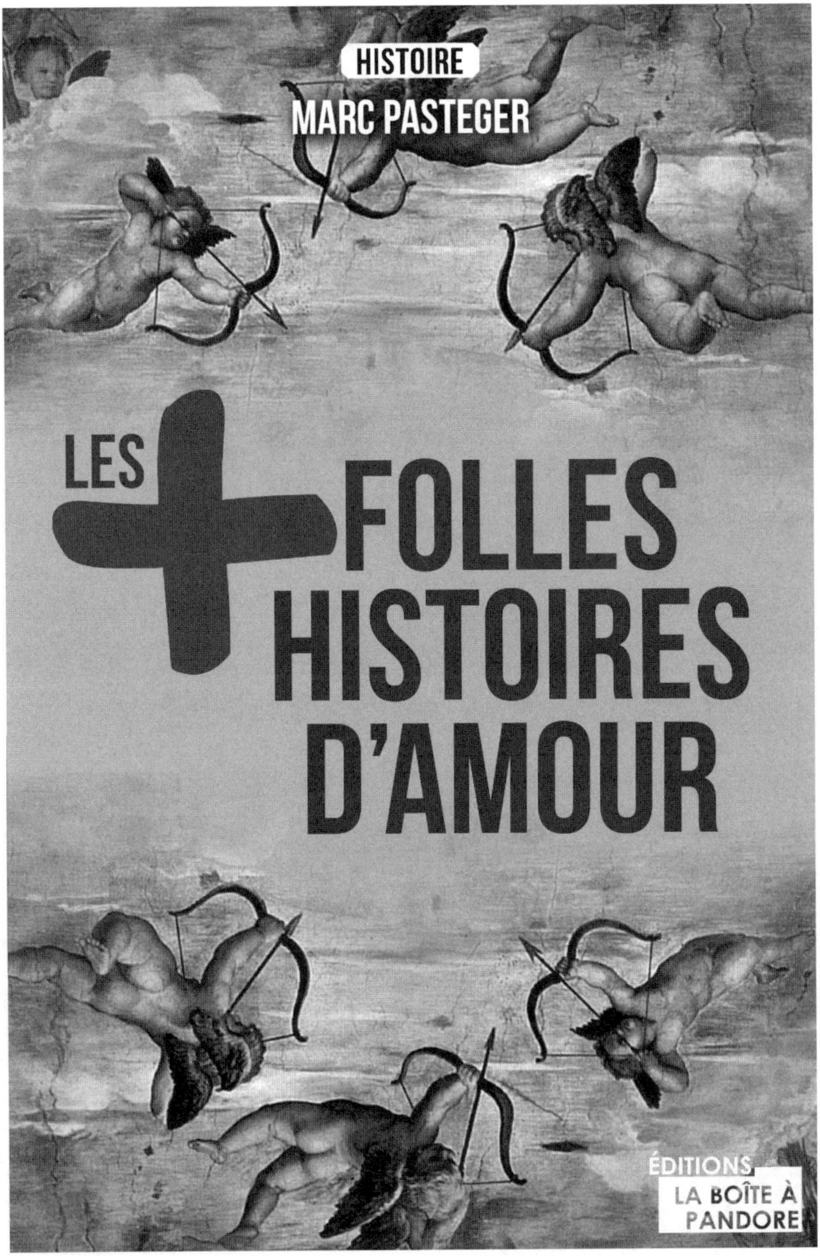
HISTOIRE
MARC PASTEGER
LES + FOLLES HISTOIRES D'AMOUR
ÉDITIONS
LA BOÎTE À PANDORE

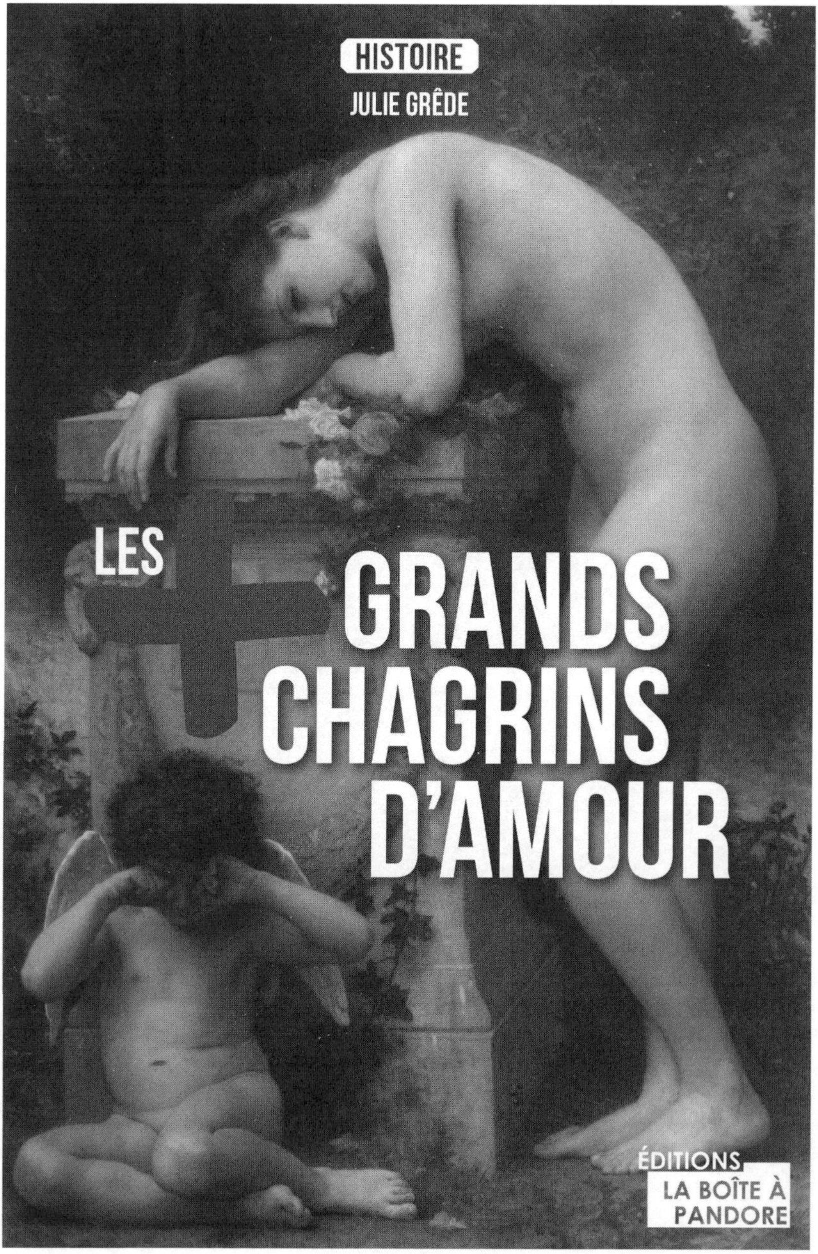
HISTOIRE
JULIE GRÊDE
LES + GRANDS CHAGRINS D'AMOUR
ÉDITIONS
LA BOÎTE À PANDORE

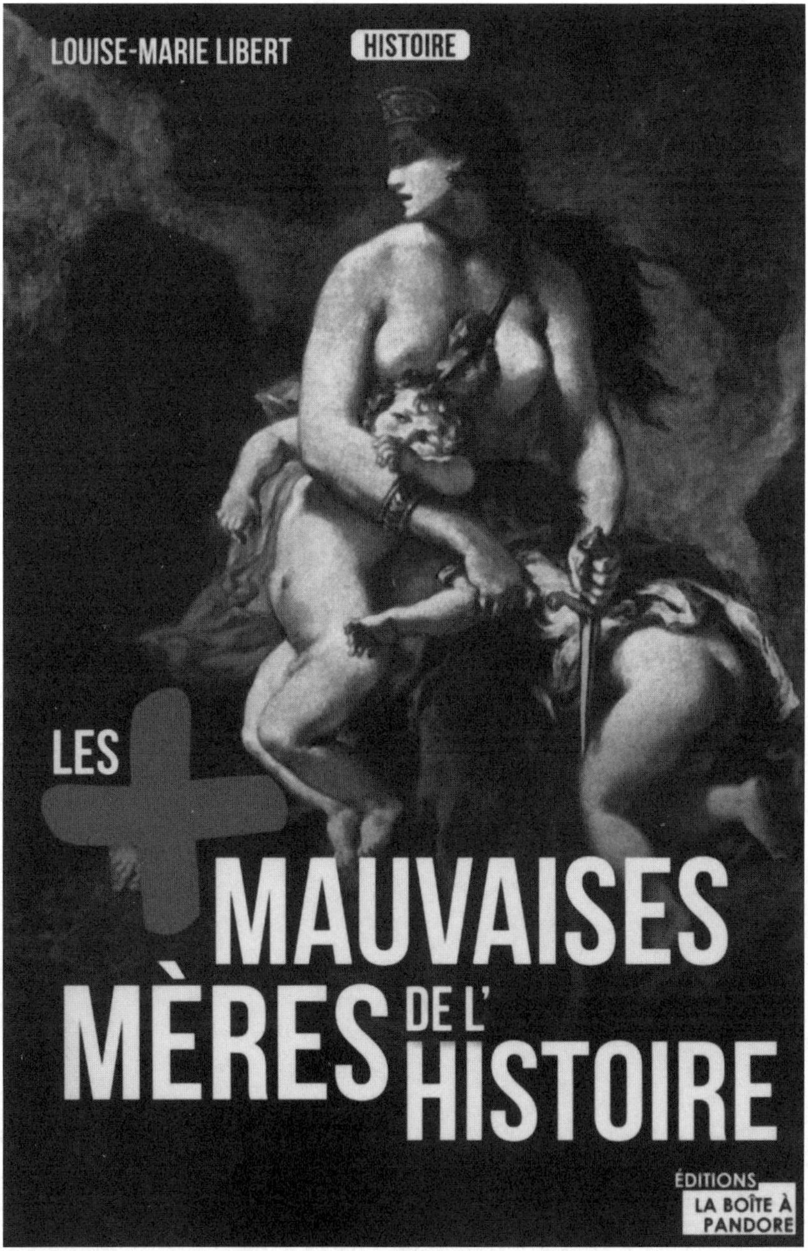
LOUISE-MARIE LIBERT
HISTOIRE
LES + MAUVAISES MÈRES DE L'HISTOIRE
ÉDITIONS
LA BOÎTE À PANDORE

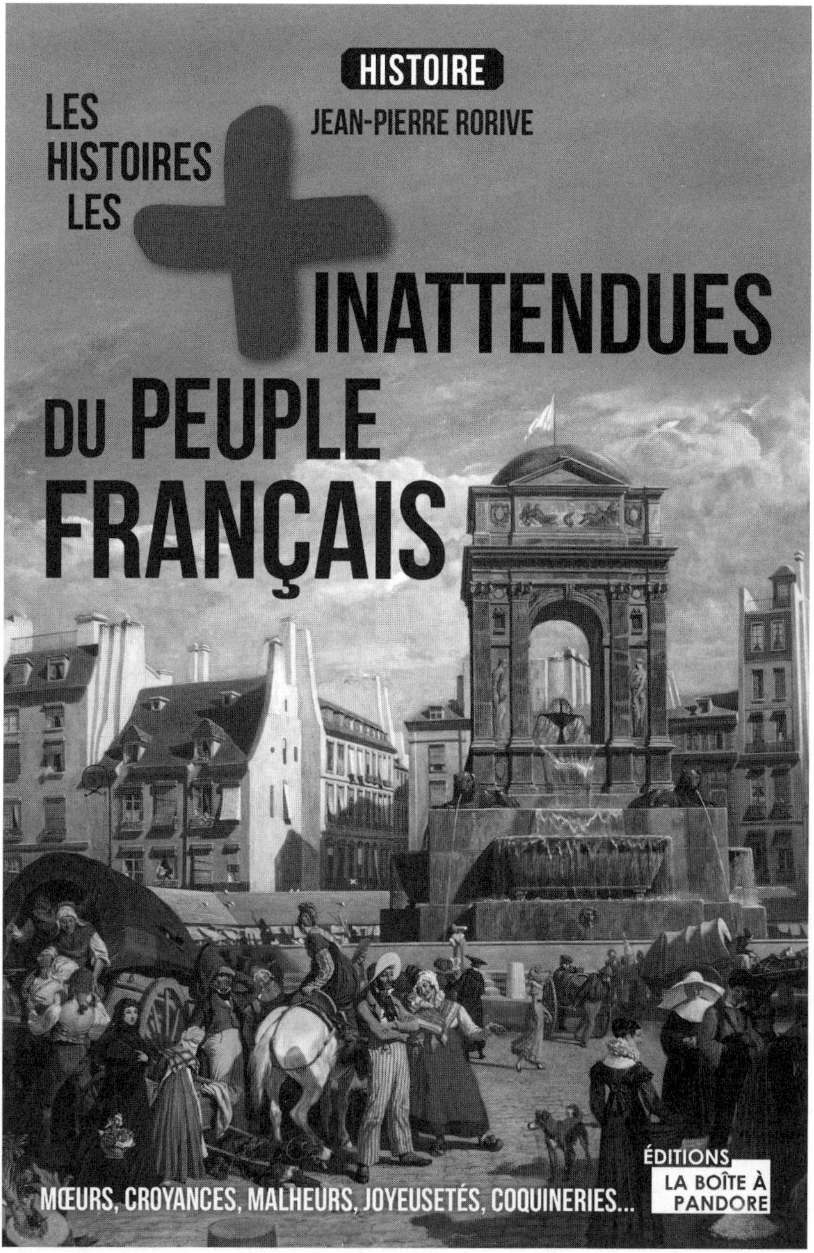
HISTOIRE
LES HISTOIRES LES + INATTENDUES DU PEUPLE FRANÇAIS
JEAN-PIERRE RORIVE
MŒURS, CROYANCES, MALHEURS, JOYEUSETÉS, COQUINERIES...
ÉDITIONS
LA BOÎTE À PANDORE

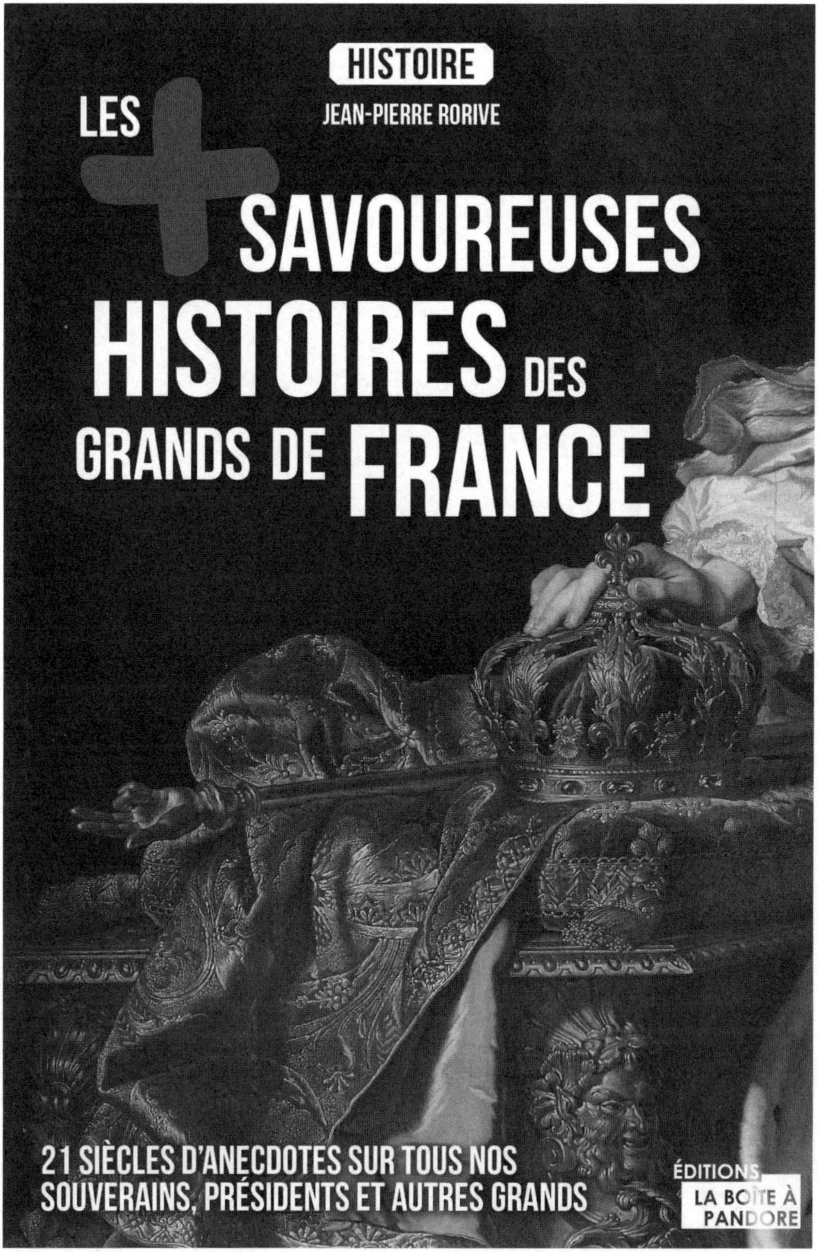
HISTOIRE
JEAN-PIERRE RORIVE
LES + SAVOUREUSES HISTOIRES DES GRANDS DE FRANCE
21 SIÈCLES D'ANECDOTES SUR TOUS NOS SOUVERAINS, PRÉSIDENTS ET AUTRES GRANDS
ÉDITIONS LA BOÎTE À PANDORE

Achevé d'imprimer en CE

Sur les presses de SNEL